Digitale Privatsphäre und Cybersicherheitsgesetze auf der ganzen Welt

Verstehen Sie Ihre Rechte, Datenschutzbestimmungen (wie die DSGVO) und wie Sie grenzüberschreitend gesetzeskonform bleiben können.

Von Joe Correa

Veröffentlicht von Live Stronger Faster

Dieses Buch dient ausschließlich Bildungs- und Informationszwecken. Der Autor und der Verlag bieten keine rechtliche, finanzielle oder sonstige professionelle Beratung an. Leser sollten vor finanziellen Entscheidungen einen qualifizierten Fachmann konsultieren.

Erste Ausgabe

Inhaltsverzeichnis

Einleitung

In einer Zeit, in der Informationen mit Lichtgeschwindigkeit rund um den Globus fließen, hat sich das Konzept der Privatsphäre von etwas, das wir einst als selbstverständlich betrachteten, zu etwas entwickelt, das wir aktiv schützen müssen. Noch vor wenigen Jahrzehnten waren die meisten persönlichen Informationen in Aktenschränken eingeschlossen und nur für Personen zugänglich, die physisch anwesend waren. Heute können Ihre Finanzdaten, Ihr Browserverlauf, medizinische Unterlagen, Kaufgewohnheiten und sogar private Gespräche innerhalb von Millisekunden abgerufen, gespeichert und analysiert werden – oftmals von Organisationen, von denen Sie noch nie gehört haben. Mit diesem Wandel mussten sich auch die rechtlichen Rahmenbedingungen für den digitalen Datenschutz rasant weiterentwickeln, um mit der enormen Geschwindigkeit technologischer Innovation Schritt zu halten. Genau deshalb ist das Thema digitale Privatsphäre und Cybergesetze heute von entscheidender Bedeutung.

Die Realität ist, dass jeder Klick, jedes Tippen und jede Bewegung auf einem Bildschirm einen digitalen Fußabdruck hinterlässt. Manchmal geschieht dies bewusst – etwa wenn Sie ein Foto veröffentlichen, online einkaufen oder sich für einen Newsletter anmelden. In anderen Fällen geschieht es völlig unsichtbar im Hintergrund durch Tracking-Pixel, Cookies oder Geräte-Fingerprinting. Diese Daten sind äußerst wertvoll, nicht nur für Werbetreibende und Technologieunternehmen, sondern auch für Regierungen, Hacker und Cyberkriminelle. Je wertvoller diese Informationen werden, desto wichtiger wird es zu regulieren, wer sie sammeln, speichern und verwenden darf — und Organisationen zur Verantwortung zu ziehen, wenn sie diese Daten nicht ausreichend schützen.

Datenschutzgesetze sind der Versuch der Weltgemeinschaft, Leitplanken für diese unsichtbare Wirtschaft persönlicher Daten zu schaffen. Diese Gesetze unterscheiden sich jedoch erheblich von Land zu Land und von Region zu Region. In der Europäischen Union hat die Datenschutz-Grundverordnung (DSGVO) einen der höchsten globalen Standards für den Schutz persönlicher Daten geschaffen. Sie gewährt Einzelpersonen das Recht, auf ihre Daten zuzugreifen, sie zu korrigieren oder löschen zu lassen sowie bestimmten Verwendungen ihrer Daten zu widersprechen. In Kalifornien bietet der California Consumer Privacy Act (CCPA) ähnliche Schutzmaßnahmen mit strengen Offenlegungspflichten und dem Recht, dem Verkauf persönlicher Daten zu widersprechen. Brasiliens LGPD, Kanadas PIPEDA und zahlreiche weitere Regelwerke auf der ganzen Welt bilden ein komplexes Netz von Vorschriften, das Unternehmen und Privatpersonen verstehen müssen, wenn sie online tätig sein möchten, ohne rechtliche Risiken einzugehen.

Diese Gesetze betreffen jedoch nicht nur große Konzerne. Sie wirken sich auch auf kleine Unternehmen, Freiberufler, Content-Ersteller, App-Entwickler und sogar gemeinnützige Organisationen aus. Wenn Sie beispielsweise die E-Mail-Adresse eines Kunden aus Europa erfassen, gilt die DSGVO für Sie — selbst wenn Ihr Unternehmen in den Vereinigten Staaten oder Asien ansässig ist. Wenn Sie Produkte an Einwohner Kaliforniens verkaufen, unterliegen Sie den Offenlegungspflichten des CCPA. Das bedeutet, dass das Verständnis von Cybergesetzen nicht nur für Juristen wichtig ist, sondern grundlegendes Wissen für jeden darstellt, der online präsent ist — unabhängig davon, ob Sie eine Website, einen YouTube-Kanal, einen Online-Shop oder ein internationales Technologieunternehmen betreiben.

Die Komplexität entsteht insbesondere dann, wenn Unternehmen grenzüberschreitend arbeiten. Daten werden häufig in Cloud-Servern gespeichert, die sich irgendwo auf der Welt befinden können. Eine E-Commerce-Website in Singapur könnte beispielsweise einen Zahlungsdienstleister in den USA, einen Cloud-Host in Deutschland und einen E-Mail-Marketing-Anbieter in Australien nutzen — und jeder dieser Standorte bringt eigene Datenschutzgesetze mit sich. Diese internationale Realität schafft Herausforderungen bei der Einhaltung gesetzlicher Vorschriften, bietet Unternehmen aber auch die Möglichkeit, datenschutzfreundliche Anbieter auszuwählen und das Vertrauen ihrer Kunden zu stärken, indem sie über die gesetzlichen Mindestanforderungen hinausgehen. Unternehmen, die Datenschutz priorisieren, verschaffen sich oft einen Wettbewerbsvorteil, da Verbraucher zunehmend Marken bevorzugen, die ihre persönlichen Informationen respektieren und schützen.

In diesem Buch werden wir das komplexe Geflecht internationaler Datenschutzgesetze in klare und praxisnahe Leitlinien übersetzen. Sie lernen die grundlegenden Prinzipien wichtiger Regelwerke wie der DSGVO, des CCPA, der LGPD und von PIPEDA kennen. Wir werden untersuchen, wie Datenschutzrichtlinien erstellt werden, die tatsächlich rechtlichen Schutz bieten, anstatt lediglich bedeutungslose Standardtexte zu sein. Außerdem erfahren Sie, wie transparente Einwilligungsformulare gestaltet werden, wie man auf Datenschutzverletzungen reagiert und wie Daten sicher über internationale Grenzen hinweg übertragen werden können. Zusätzlich betrachten wir reale Fälle, in denen

Unternehmen wegen mangelnder Compliance mit hohen Geldstrafen belegt wurden, und analysieren die Lektionen, die daraus gezogen werden können, um ähnliche Fehler zu vermeiden.

Am wichtigsten ist jedoch, dass wir Ihre Perspektive verändern werden: Statt Compliance als Belastung zu sehen, werden Sie lernen, sie als Instrument zum Aufbau von Vertrauen zu nutzen. Die erfolgreichsten Online-Unternehmen der Zukunft werden diejenigen sein, denen Kunden ihre Daten bedenkenlos anvertrauen. Dieses Vertrauen entsteht nicht über Nacht – es basiert auf einem konsequenten, transparenten und verantwortungsvollen Umgang mit persönlichen Informationen. Gesetze werden sich weiterhin verändern, doch wenn Sie mit einer datenschutzorientierten Denkweise handeln, bleiben Sie nicht nur rechtlich auf dem neuesten Stand, sondern positionieren sich auch als Vorreiter für ethische digitale Geschäftspraktiken. Wenn Sie dieses Buch abgeschlossen haben, werden Sie über das Wissen und die Strategien verfügen, um sich sicher und kompetent in der komplexen Welt der Cybergesetze zu bewegen – unabhängig davon, wo Sie oder Ihre Kunden sich befinden.

Unternehmen wegen mangelnder Compliance mit hohen Geldstrafen belegt wurden, und analysieren die Lektionen, die daraus gezogen werden können, um ähnliche Fehler zu vermeiden.

Am wichtigsten ist jedoch, dass wir Ihre Perspektive verändern werden: Statt Compliance als Belastung zu sehen, werden Sie lernen, sie als Instrument zum Aufbau von Vertrauen zu nutzen. Die erfolgreichsten Online-Unternehmen der Zukunft werden diejenigen sein, denen Kunden ihre Daten bedenkenlos anvertrauen. Dieses Vertrauen entsteht nicht über Nacht – es basiert auf einem konsequenten, transparenten und verantwortungsvollen Umgang mit persönlichen Informationen. Gesetze werden sich weiterhin verändern, doch wenn Sie mit einer datenschutzorientierten Denkweise handeln, bleiben Sie nicht nur rechtlich auf dem neuesten Stand, sondern positionieren sich auch als Vorreiter für ethische digitale Geschäftspraktiken. Wenn Sie dieses Buch abgeschlossen haben, werden Sie über das Wissen und die Strategien verfügen, um sich sicher und kompetent in der komplexen Welt der Cybersicherheit zu bewegen – unabhängig davon, wo Sie oder Ihre Kunden sich befinden.

Kapitel 1: Die Grundlagen digitaler Datenschutzgesetze

Digitale Datenschutzgesetze existieren, um einen rechtlichen Rahmen dafür zu schaffen, wie personenbezogene Daten gesammelt, gespeichert, verarbeitet und weitergegeben werden dürfen. Ihr Ziel besteht darin, Einzelpersonen vor dem Missbrauch ihrer Informationen zu schützen und ihnen gleichzeitig Kontrolle darüber zu geben, wie diese Informationen verwendet werden. In der heutigen vernetzten Welt respektieren Datenströme keine Landesgrenzen mehr. Genau deshalb haben Regierungen umfassende Datenschutzregelungen entwickelt, die nicht nur innerhalb ihrer eigenen Territorien gelten, sondern auch für ausländische Unternehmen, die Daten ihrer Bürger verarbeiten. Diese Gesetze sollen unbefugte Nutzung verhindern, Transparenz verbessern und sicherstellen, dass Menschen mitentscheiden können, wie ihre Daten behandelt werden.

Das wichtigste Konzept, das man verstehen muss, ist der Begriff personenbezogene Daten. Darunter versteht man grundsätzlich jede Information, mit der eine Person direkt oder indirekt identifiziert werden kann. Dazu gehören offensichtliche Daten wie Namen, Adressen, Telefonnummern und E-Mail-Adressen, aber auch weniger offensichtliche Informationen wie IP-Adressen, Gerätekennungen, Geolokalisierungsdaten oder Verhaltensmuster. Einige Gesetze definieren zusätzlich sensible personenbezogene Daten — etwa medizinische Unterlagen, biometrische Identifikatoren, ethnische Herkunft, politische Meinungen oder religiöse Überzeugungen — die einen stärkeren Schutz und strengere Verarbeitungsverfahren erfordern.

Ein zweites zentrales Konzept ist die Datenverarbeitung. Verarbeitung umfasst jede Handlung, die mit personenbezogenen Daten durchgeführt wird, unabhängig davon, ob sie automatisiert oder manuell erfolgt. Das kann das Sammeln einer E-Mail-Adresse über ein Webformular sein, das Speichern von Kundendaten in einem CRM-System, die Analyse des Verhaltens von Website-Besuchern oder die Weitergabe von Nutzerdaten an einen externen Marketingdienst. Viele Organisationen glauben fälschlicherweise, Datenschutzgesetze würden nur gelten, wenn Daten aktiv verkauft oder gehandelt werden. In Wirklichkeit gilt jedoch bereits jede Form der Speicherung oder Nutzung personenbezogener Informationen als Verarbeitung im Sinne der meisten gesetzlichen Definitionen.

Weltweit gibt es sowohl umfassende Datenschutzgesetze als auch branchenspezifische Regelungen. Die DSGVO der Europäischen Union ist beispielsweise ein umfassendes Gesetz, das nahezu alle Arten der Datenverarbeitung unabhängig von der Branche abdeckt. Die Vereinigten Staaten hingegen verfügen nicht über ein einheitliches nationales Datenschutzgesetz, sondern verfolgen einen sektoralen Ansatz: HIPAA schützt Gesundheitsdaten, GLBA regelt Finanzinstitute, und COPPA betrifft Daten von Kindern unter 13 Jahren. Bundesstaaten wie Kalifornien, Colorado und Virginia haben zudem eigene Verbraucherschutzgesetze eingeführt, die branchenübergreifend gelten. Für jedes Unternehmen, das online tätig ist, ist es daher wichtig, sowohl allgemeine als auch spezialisierte Datenschutzregelungen zu verstehen, die Anwendung finden könnten.

Einer der wichtigsten Grundpfeiler der meisten Datenschutzgesetze ist die Zustimmung des Nutzers. Nach der DSGVO muss die Einwilligung freiwillig, spezifisch, informiert und eindeutig sein. Vorgekreuzte Kästchen oder unklare Formulierungen sind daher nicht zulässig. Ähnlich verhält es sich beim CCPA, der Nutzern das Recht einräumt, dem Verkauf ihrer personenbezogenen Daten zu widersprechen. Das Verständnis darüber, wie Zustimmung korrekt eingeholt und dokumentiert wird, ist essenziell, denn fehlerhaft eingeholte Einwilligungen können die gesamte Compliance-Strategie ungültig machen und zu Strafen führen.

Ein weiterer entscheidender Bestandteil sind die Rechte betroffener Personen. Dabei handelt es sich um Rechte, die Einzelpersonen in Bezug auf ihre personenbezogenen Daten gewährt werden. Dazu zählen häufig das Recht auf Auskunft, die Berichtigung fehlerhafter Daten, die Löschung von Informationen („Recht auf Vergessenwerden"), die Einschränkung der Verarbeitung sowie das Recht, Daten in einem übertragbaren Format zu erhalten. Unternehmen müssen klare Prozesse schaffen, um auf solche Anfragen innerhalb der gesetzlich vorgeschriebenen Fristen reagieren zu können. Die Nichteinhaltung kann erhebliche Geldstrafen und Reputationsschäden verursachen.

Ebenso wichtig sind die Anforderungen an Verantwortlichkeit und Transparenz. Die meisten Gesetze verlangen von Organisationen eine klare und leicht zugängliche Datenschutzerklärung, in der erläutert wird, welche Daten gesammelt werden, warum sie erhoben werden, wie sie gespeichert werden und mit wem sie geteilt werden. Einige Gesetze verlangen außerdem die Ernennung eines Datenschutzbeauftragten oder einer verantwortlichen Person für Compliance-Fragen. Über die Dokumentation hinaus müssen Unternehmen ihre Einhaltung der Vorschriften aktiv nachweisen — etwa durch Audits, Mitarbeiterschulungen und technische Sicherheitsmaßnahmen wie Verschlüsselung und Zugriffskontrollen.

Grenzüberschreitende Datenübertragungen gehören zu den schwierigsten Bereichen der Datenschutz-Compliance. Wenn Daten von einem Land in ein anderes übertragen werden, können sie ihren rechtlichen Schutz verlieren, sofern keine geeigneten Sicherheitsmaßnahmen bestehen. Die Europäische Union erlaubt beispielsweise Datenübertragungen nur in Länder mit angemessenem Datenschutzniveau oder wenn Mechanismen wie Standardvertragsklauseln (SCCs) verwendet werden. Unternehmen, die international tätig sind, müssen diese Transfers sorgfältig planen, um Gesetzesverstöße zu vermeiden.

Auch die Durchsetzung von Datenschutzgesetzen wird weltweit immer strenger. Aufsichtsbehörden intensivieren Prüfungen, Untersuchungen und Sanktionen. Die DSGVO erlaubt Geldstrafen von bis zu 20 Millionen Euro oder 4 % des weltweiten Jahresumsatzes — je nachdem, welcher Betrag höher ist. Auch der CCPA sieht zivilrechtliche Strafen und in bestimmten Fällen private Klagen von Verbrauchern vor. Compliance ist deshalb nicht nur eine rechtliche

Notwendigkeit, sondern eine strategische Pflicht für jedes Unternehmen, das seinen Ruf und das Vertrauen seiner Kunden schützen möchte.

Das Verständnis dieser grundlegenden Konzepte — personenbezogene Daten, Verarbeitung, Einwilligung, Rechte betroffener Personen, Verantwortlichkeit und grenzüberschreitende Datenübertragungen — bereitet Sie auf die fortgeschritteneren Compliance-Strategien vor, die in späteren Kapiteln behandelt werden. Wenn Sie bereits jetzt eine datenschutzorientierte Denkweise entwickeln, werden Sie besser darauf vorbereitet sein, sich in der sich schnell verändernden Rechtslandschaft zurechtzufinden und sowohl Ihre Organisation als auch die Menschen zu schützen, deren Daten Sie verwalten.

Lassen Sie uns nun Sofias Geschichte betrachten.

Sofia führte ein kleines, aber wachsendes Online-Designunternehmen von ihrer Wohnung in Lissabon aus. Ihre Kunden kamen aus der ganzen Welt, und ihre Website präsentierte stolz Erfahrungsberichte zufriedener Kunden aus Europa, Nordamerika und Asien. Sie sah sich selbst als kreative Unternehmerin, nicht als Rechtsexpertin. Deshalb konzentrierte sie sich beim Aufbau ihrer Website mehr auf Ästhetik als auf Datenschutzrichtlinien. Sie verfügte über ein einfaches Kontaktformular, ein Online-Portfolio und einen Shop, in dem Kunden Designvorlagen kaufen konnten.

Eines Nachmittags erhielt sie eine unerwartete E-Mail. Sie stammte von einem Kunden aus Deutschland, der eine Kopie aller personenbezogenen Daten anforderte, die Sofias Unternehmen über ihn gespeichert hatte. In der Nachricht wurde auf „Artikel 15 der DSGVO" verwiesen — etwas, von dem Sofia noch nie gehört hatte. Verwirrt recherchierte sie online und stellte fest, dass die Datenschutz-Grundverordnung auch für sie galt, obwohl sie lediglich ein Ein-Personen-Unternehmen ohne Niederlassung außerhalb Portugals betrieb. Allein dadurch, dass sie Kunden in der EU hatte, unterlag sie den strengen Anforderungen des Gesetzes.

Je tiefer sie sich mit dem Thema beschäftigte, desto mehr erkannte Sofia, dass ihr Analyse-Tool IP-Adressen sammelte, ihr Zahlungsanbieter Rechnungsinformationen speicherte und ihre E-Mail-Marketing-Software nachvollzog, wer ihre Newsletter öffnete. All dies galt nach der DSGVO als personenbezogene Daten, und sie war rechtlich dafür verantwortlich, diese ordnungsgemäß zu verwalten. Ihr wurde klar, dass Datenschutzgesetze nicht nur für große Technologieunternehmen wie Google oder Facebook gelten — sie galten genauso für sie selbst.

Mit zunehmender Recherche verstand Sofia auch das Konzept der Datenverarbeitung. Jedes Mal, wenn sie eine E-Mail-Adresse sammelte, eine Rechnung speicherte oder Website-Analysen überprüfte, verarbeitete sie personenbezogene Daten. Ihr Zahlungsanbieter war ein externer Datenverarbeiter, ebenso wie ihr E-Mail-Marketingdienst. Diese Anbieter gehörten zu ihrer Compliance-Verantwortung, was bedeutete, dass sie sicherstellen musste, dass auch diese Unternehmen gesetzeskonform arbeiteten.

Ihre nächste Erkenntnis betraf das Prinzip der Einwilligung. Sofia stellte fest, dass sowohl ihr Kontaktformular als auch ihr Newsletter-Anmeldeformular keine ausreichenden Einwilligungshinweise enthielten. Nach der DSGVO musste Zustimmung freiwillig, spezifisch, informiert und eindeutig sein. Das bedeutete: keine vorangekreuzten Kästchen und keine vagen Versprechen. Sie musste klar erklären, was sie mit den Daten tun würde und warum sie diese sammelte.

Während sie ihre Compliance-Checkliste abarbeitete, begann Sofia das größere Gesamtbild zu erkennen. Datenschutzgesetze waren nicht bloß bürokratische Hindernisse, sondern Werkzeuge zum Aufbau von Vertrauen. Sie aktualisierte ihre Datenschutzerklärung, damit Kunden sie leicht verstehen konnten, richtete Prozesse für Auskunfts- und Löschanfragen ein und begann, gespeicherte Daten zu verschlüsseln. Außerdem kontaktierte sie ihre externen Dienstleister, um deren Datenschutzmaßnahmen bestätigen zu lassen.

Einige Wochen später meldete sich ein weiterer Kunde — diesmal aus Kalifornien — mit der Frage, wie man dem Verkauf personenbezogener Daten widersprechen könne, wie es der CCPA vorsieht. Sofia verkaufte zwar keine Daten, lernte jedoch, dass bereits die Aussage „Wir verkaufen keine personenbezogenen Informationen" eine Compliance-Anforderung sein konnte. Sie erkannte, dass ihr Verständnis globaler Datenschutzgesetze ihr einen Wettbewerbsvorteil verschaffte. Kunden schätzten ihre Transparenz, und mehrere erwähnten sogar, dass sie sich sicherer fühlten, mit ihr Geschäfte zu machen.

Als Sofia ihre Compliance-Überarbeitung abgeschlossen hatte, hatte sie ihr kleines Unternehmen in ein Unternehmen verwandelt, das den Datenschutzstandards einiger der strengsten Gesetze der Welt entsprach. Die Erfahrung lehrte sie, dass digitale Privatsphäre nicht nur ein rechtliches Kontrollkästchen ist, sondern ein wesentlicher Bestandteil moderner Unternehmensführung. Sie betrachtete Daten nun als wertvollen Vermögenswert, der ihr von ihren Kunden anvertraut wurde, und war entschlossen, diese Informationen mit derselben Sorgfalt zu schützen, die sie auch in ihre Designs investierte.

Kapitel 2: Die DSGVO verstehen: Europas Goldstandard für den Datenschutz

Die Datenschutz-Grundverordnung (DSGVO) gilt weithin als das umfassendste und einflussreichste Datenschutzgesetz der Welt. Seit dem 25. Mai 2018 regelt sie, wie personenbezogene Daten von Menschen in der Europäischen Union (EU) und im Europäischen Wirtschaftsraum (EWR) gesammelt, gespeichert, verarbeitet und übertragen werden dürfen. Ihre Reichweite geht weit über Europas Grenzen hinaus, da sie für jede Organisation gilt — unabhängig davon, wo auf der Welt sie sich befindet — die Waren oder Dienstleistungen für Menschen in der EU anbietet oder deren Verhalten überwacht. Diese extraterritoriale Wirkung hat die DSGVO zu einem Vorbild für viele Datenschutzgesetze weltweit gemacht.

Im Kern basiert die DSGVO auf sieben zentralen Grundprinzipien: Rechtmäßigkeit, Fairness und Transparenz; Zweckbindung; Datenminimierung; Richtigkeit; Speicherbegrenzung; Integrität und Vertraulichkeit; sowie Rechenschaftspflicht. Diese Prinzipien bilden das Fundament der Compliance und beeinflussen jeden Aspekt des Umgangs mit personenbezogenen Daten. Beispielsweise bedeutet

„Zweckbindung", dass Daten nur für einen bestimmten, legitimen Zweck erhoben werden dürfen und später nicht ohne zusätzliche Zustimmung für einen anderen Zweck verwendet werden können. „Datenminimierung" verlangt hingegen, dass nur die Daten erhoben werden, die tatsächlich notwendig sind, wodurch das Risiko von Missbrauch oder Datenschutzverletzungen reduziert wird.

Rechtsgrundlagen für die Datenverarbeitung sind ein weiterer wesentlicher Bestandteil der DSGVO. Eine Organisation muss einen gültigen rechtlichen Grund haben, um personenbezogene Daten zu sammeln und zu verarbeiten. Die DSGVO erkennt sechs Rechtsgrundlagen an: Einwilligung, Vertragserfüllung, rechtliche Verpflichtung, lebenswichtige Interessen, öffentliche Aufgabe und berechtigte Interessen. Für die meisten Unternehmen sind Einwilligung oder berechtigte Interessen am relevantesten, doch jede Grundlage muss sorgfältig geprüft werden, um Missbrauch zu vermeiden. Besonders wichtig ist dabei, dass Einwilligungen informiert, spezifisch und freiwillig erfolgen müssen — vorangekreuzte Kästchen, unklare Formulierungen oder versteckte Opt-ins sind nicht zulässig.

Die DSGVO gewährt Einzelpersonen — den sogenannten betroffenen Personen — außerdem weitreichende Rechte.

Dazu gehören das Recht auf Zugang zu den eigenen personenbezogenen Daten, die Berichtigung unrichtiger Informationen, die Löschung von Daten („Recht auf Vergessenwerden"), die Einschränkung der Verarbeitung, das Recht auf Datenübertragbarkeit sowie das Recht, bestimmten Verarbeitungsvorgängen zu widersprechen. Unternehmen müssen auf solche Anfragen zügig reagieren, in der Regel innerhalb eines Monats, und gleichzeitig sicherstellen, dass die Identität der anfragenden Person überprüft wird.

Transparenz ist ein Grundpfeiler der DSGVO. Organisationen müssen klar erläutern, welche Daten gesammelt werden, warum sie gesammelt werden, wie sie verwendet werden, wie lange sie gespeichert bleiben und mit wem sie geteilt werden können. Dies geschieht üblicherweise über eine detaillierte Datenschutzerklärung. Die DSGVO verlangt jedoch ausdrücklich, dass diese Erklärung in klarer und verständlicher Sprache formuliert wird und nicht aus kompliziertem juristischem Fachjargon besteht.

Die Sicherheit personenbezogener Daten wird in der DSGVO durch das Konzept „geeigneter technischer und organisatorischer Maßnahmen" geregelt. Unternehmen müssen Schutzmaßnahmen wie Verschlüsselung, Pseudonymisierung, sichere Speicherung, eingeschränkte

Zugriffsrechte und regelmäßige Sicherheitsprüfungen implementieren. Das Schutzniveau sollte dabei proportional zur Sensibilität der verarbeiteten Daten und zum potenziellen Risiko für betroffene Personen sein, falls diese Daten kompromittiert werden.

Einer der meistdiskutierten Aspekte der DSGVO ist die Pflicht zur Meldung von Datenschutzverletzungen. Organisationen müssen bestimmte Arten von Datenschutzverletzungen innerhalb von 72 Stunden nach Bekanntwerden an die zuständige Aufsichtsbehörde melden. Wenn die Verletzung ein hohes Risiko für die Rechte und Freiheiten von Personen darstellt, müssen auch die betroffenen Personen unverzüglich informiert werden. Diese Anforderung hat viele Unternehmen dazu veranlasst, bessere Reaktionspläne für Sicherheitsvorfälle und stärkere Überwachungssysteme einzuführen.

Die Durchsetzung der DSGVO ist streng. Datenschutzbehörden in jedem EU-Mitgliedstaat können Beschwerden untersuchen, Audits durchführen und Geldstrafen verhängen. Die Strafen können bis zu 20 Millionen Euro oder 4 % des weltweiten Jahresumsatzes eines Unternehmens betragen — je nachdem, welcher Betrag höher ist. Diese Sanktionen gelten auch für kleine Unternehmen und gemeinnützige Organisationen, wenn sie die Vorschriften nicht einhalten. Öffentlich bekannte Bußgelder haben sowohl multinationale Konzerne als auch kleine Unternehmen getroffen und gezeigt, dass keine Organisation zu klein ist, um der Kontrolle zu entgehen.

Um die DSGVO einzuhalten, sollten Organisationen einen strukturierten Ansatz verfolgen: alle Datenverarbeitungsaktivitäten dokumentieren, die jeweilige Rechtsgrundlage bestimmen, Datenschutzerklärungen aktualisieren, korrekte Einwilligungsmechanismen sicherstellen, Daten technisch absichern, Mitarbeiter schulen und Prozesse für die Bearbeitung von Anfragen betroffener Personen einrichten. Compliance ist kein einmaliges Projekt, sondern ein fortlaufender Prozess — wenn sich ein Unternehmen verändert, müssen auch die Datenverarbeitungspraktiken regelmäßig überprüft und angepasst werden.

Wenn Sie den Umfang, die Prinzipien, die Rechtsgrundlagen, die Rechte betroffener Personen und die Durchsetzung der DSGVO verstehen, können Sie nicht nur kostspielige Strafen vermeiden, sondern auch Vertrauen bei Ihrer Zielgruppe aufbauen. Viele Unternehmen haben festgestellt, dass die Einführung von DSGVO-Standards — selbst wenn sie rechtlich nicht dazu verpflichtet sind — sie als vertrauenswürdig und datenschutzbewusst positioniert und ihnen dadurch einen Wettbewerbsvorteil auf dem globalen Markt verschafft.

Lukas und sein Softwareunternehmen

Lukas besaß ein kleines Softwareunternehmen in Kanada, das sich auf Produktivitätstools für kleine Unternehmen spezialisiert hatte. Seine Hauptkunden befanden sich in Nordamerika, doch im Laufe der Jahre begannen seine Produkte auch in Europa Aufmerksamkeit zu gewinnen. Über Datenschutzgesetze außerhalb Kanadas hatte er sich nie viele Gedanken gemacht, da er annahm, sie würden nicht für ihn gelten. Das änderte sich an dem Tag, als er eine E-Mail von einem niederländischen Kunden erhielt, der verlangte, dass sein Konto gelöscht und sämtliche personenbezogenen Daten entfernt werden sollten – unter Berufung auf „Rechte gemäß der DSGVO".

Neugierig begann Lukas zu recherchieren und stellte schnell fest, dass die DSGVO auf sein Unternehmen anwendbar war, weil er Kunden in Europa hatte. Es spielte keine Rolle, dass er kein Büro in der EU besaß; allein die Tatsache, dass er seine Dienstleistungen EU-Bürgern anbot, reichte aus. Die extraterritoriale Reichweite des Gesetzes bedeutete, dass er plötzlich verpflichtet war, einen der strengsten Datenschutzstandards der Welt einzuhalten.

Zunächst fühlte sich Lukas überwältigt. Der Text der DSGVO war komplex und voller unbekannter Begriffe wie „Datenminimierung", „Rechtsgrundlage" und „Rechte betroffener Personen". Doch als er die einzelnen Konzepte Schritt für Schritt analysierte, begann er die Logik dahinter zu verstehen. Das Gesetz war nicht dazu gedacht, Unternehmen willkürlich zu bestrafen, sondern Menschen davor zu schützen, dass ihre personenbezogenen Informationen missbraucht oder unsachgemäß behandelt werden.

Er begann damit, sämtliche personenbezogenen Daten zu erfassen, die sein Unternehmen sammelte. Dazu gehörten E-Mail-Adressen für Benutzeranmeldungen, von seinen Servern gespeicherte IP-Adressen, Zahlungsdaten, die bei einem externen Zahlungsanbieter hinterlegt waren, sowie Verhaltensanalysen aus seiner App. Für jede Datenart stellte er sich zwei Fragen: „Warum sammeln wir diese Daten?" und „Haben wir dafür eine Rechtsgrundlage?" In vielen Fällen lautete die Antwort ja – etwa Vertragserfüllung für Benutzeranmeldungen oder berechtigtes Interesse für grundlegende Analysen – doch bei bestimmten Marketingaktivitäten erkannte er, dass er eine ausdrückliche Einwilligung benötigte.

Anschließend überarbeitete Lukas seine Datenschutzerklärung vollständig. Die alte Version war eine generische Vorlage voller juristischer Fachbegriffe. Die neue Erklärung erläuterte in klarer Sprache, welche Daten gesammelt wurden, wie sie verwendet wurden, wie lange sie gespeichert blieben und wie Nutzer deren Löschung beantragen konnten. Er aktualisierte außerdem den Registrierungsprozess seiner Plattform und fügte klare Einwilligungsfelder hinzu, einschließlich Links zur Datenschutzerklärung und Hinweisen darauf, wie Nutzer ihre Einwilligung jederzeit widerrufen konnten.

Auch die Sicherheit stellte eine Herausforderung dar. Obwohl sein Unternehmen bereits sichere Server verwendete, entschied sich Lukas zusätzlich dafür, gespeicherte Daten zu verschlüsseln und den Zugriff auf personenbezogene Informationen nur auf Mitarbeiter zu beschränken, die diese für ihre Arbeit tatsächlich benötigten. Darüber hinaus entwickelte er einen Plan zur Reaktion auf Datenschutzverletzungen, einschließlich eines internen Protokolls zur Meldung von Vorfällen innerhalb weniger Stunden statt erst nach Tagen.

Die Umsetzung dieser Änderungen dauerte mehrere Monate, doch die Vorteile zeigten sich sofort. Europäische Kunden äußerten ihre Wertschätzung für die Transparenz, und sogar nordamerikanische Nutzer berichteten, dass sie sich bei der Nutzung des Produkts sicherer fühlten. Lukas stellte fest, dass der Prozess der DSGVO-Compliance sein Unternehmen dazu zwang, organisierter, transparenter und respektvoller im Umgang mit Kundendaten zu werden.

Ein Jahr später ereignete sich ein kleiner Sicherheitsvorfall: Ein falsch konfigurierter Server legte einen kleinen Teil nicht sensibler Daten offen. Lukas' Team reagierte schnell. Sie dokumentierten den Vorfall, informierten die zuständige Behörde innerhalb von 72 Stunden und benachrichtigten die betroffenen Nutzer. Der Vorfall hätte zu einer Katastrophe werden können, entwickelte sich stattdessen jedoch zu einer Gelegenheit, ihr Engagement für Datenschutz unter Beweis zu stellen. Kunden reagierten mit Lob statt mit Kritik, und Lukas erkannte, dass die DSGVO-Compliance sich von einer bloßen gesetzlichen Verpflichtung zu einem mächtigen Instrument des Vertrauensaufbaus entwickelt hatte.

Kapitel 3: Der CCPA und Datenschutzgesetze der US-Bundesstaaten: Schutz amerikanischer Verbraucher

Der California Consumer Privacy Act (CCPA), der am 1. Januar 2020 in Kraft trat, ist das bedeutendste Datenschutzgesetz der Vereinigten Staaten und hat einen Präzedenzfall geschaffen, dem andere Bundesstaaten folgen. Obwohl die USA kein einheitliches umfassendes Bundesdatenschutzgesetz wie die europäische DSGVO besitzen, stellt der CCPA einen deutlichen Wandel hin zu stärkeren Verbraucherrechten auf Ebene der Bundesstaaten dar. Das Gesetz gilt für gewinnorientierte Unternehmen, die in Kalifornien tätig sind und mindestens eines der folgenden Kriterien erfüllen: ein Jahresumsatz von über 25 Millionen US-Dollar; der Kauf, Verkauf oder die Weitergabe personenbezogener Informationen von mindestens 100.000 Verbrauchern oder Haushalten; oder wenn mindestens 50 % des Jahresumsatzes aus dem Verkauf personenbezogener Daten stammen.

Das Hauptziel des CCPA besteht darin, Verbrauchern mehr Kontrolle über ihre personenbezogenen Daten zu geben. Das Gesetz definiert personenbezogene Informationen sehr weitreichend und umfasst Identifikatoren wie Namen, Adressen, E-Mail-Adressen und IP-Adressen sowie biometrische Daten, Browserverläufe, Geolokalisierungsdaten und aus diesen Informationen abgeleitete Profile von Verbrauchern. Im Gegensatz zu einigen anderen Datenschutzgesetzen verlangt der CCPA keine spezielle Rechtsgrundlage für die Verarbeitung von Daten. Stattdessen konzentriert er sich auf Transparenz und die Wahlmöglichkeiten der Verbraucher.

Nach dem CCPA besitzen Einwohner Kaliforniens mehrere wichtige Rechte. Sie haben das Recht zu erfahren, welche personenbezogenen Informationen über sie gesammelt werden – sowohl hinsichtlich der Kategorien als auch der konkreten Details. Außerdem haben sie das Recht, die Löschung ihrer personenbezogenen Daten zu verlangen, wobei bestimmte Ausnahmen gelten. Das Widerspruchsrecht ermöglicht es Verbrauchern, Unternehmen daran zu hindern, ihre personenbezogenen Informationen zu verkaufen. Unternehmen müssen dafür einen klar sichtbaren Link mit der Bezeichnung „Do Not Sell My Personal Information“ auf ihrer Website bereitstellen, sofern sie Daten verkaufen. Zusätzlich haben Verbraucher das Recht auf Nichtdiskriminierung, was bedeutet, dass ihnen Dienstleistungen nicht verweigert oder höhere Preise berechnet werden dürfen, nur weil sie ihre Datenschutzrechte ausüben.

Ein besonderer Aspekt des CCPA ist sein Fokus auf Opt-out-Mechanismen. Im Gegensatz zur DSGVO, die häufig eine ausdrückliche Einwilligung im Voraus verlangt, geht der CCPA grundsätzlich davon aus, dass Datenerhebung erlaubt ist, solange der Verbraucher nicht widerspricht. Dieser Unterschied macht es für Unternehmen besonders wichtig, klare Verfahren zur Bearbeitung von Widerspruchsanfragen einzurichten und die Identität der anfragenden Person zu überprüfen. Der California Privacy Rights Act (CPRA), der 2023 in Kraft trat, erweiterte den Umfang des CCPA um neue Rechte wie das Recht auf Berichtigung unrichtiger Informationen und schuf zusätzlich die California Privacy Protection Agency (CPPA) zur Durchsetzung des Gesetzes.

Die Durchsetzung des CCPA erfolgt durch den Generalstaatsanwalt von Kalifornien und — unter dem CPRA — zusätzlich durch die CPPA. Die Geldstrafen bei Verstößen können erheblich sein: bis zu 2.500 US-Dollar pro Verstoß oder 7.500 US-Dollar bei vorsätzlichen Verstößen. Darüber hinaus enthält der CCPA ein privates Klagerecht für Verbraucher bei bestimmten Datenschutzverletzungen, wodurch gesetzliche Schadensersatzforderungen zwischen 100 und 750 US-Dollar pro Vorfall möglich sind. Dieses rechtliche Risiko hat viele Unternehmen dazu veranlasst, ihre Sicherheits- und Datenschutzmaßnahmen proaktiv zu verbessern.

Obwohl der CCPA das bekannteste Datenschutzgesetz der USA ist, ist er nicht das einzige Gesetz dieser Art. Bundesstaaten wie Virginia, Colorado, Connecticut und Utah haben eigene Datenschutzgesetze verabschiedet, die jeweils unterschiedliche Definitionen, Rechte und Compliance-Anforderungen enthalten. Dieser fragmentierte Ansatz bedeutet, dass Unternehmen mit landesweiter Tätigkeit ihre Datenschutzstrategien an mehrere Regelwerke gleichzeitig anpassen müssen. In der Praxis entscheiden sich viele Unternehmen dafür, den höchsten Standard auf alle Bundesstaaten anzuwenden, um nicht mehrere unterschiedliche Compliance-Systeme verwalten zu müssen.

Für die Einhaltung der Vorschriften sollten Unternehmen zunächst sämtliche personenbezogenen Informationen erfassen, die sie sammeln, und prüfen, ob der CCPA auf sie anwendbar ist. Anschließend müssen Datenschutzerklärungen aktualisiert, erforderliche Offenlegungen ergänzt, Opt-out-Mechanismen implementiert, Mitarbeiter im Umgang mit Verbraucherrechten geschult und Systeme eingerichtet werden, um Anfragen zu Auskunft, Löschung und Berichtigung innerhalb von 45 Tagen zu bearbeiten. Die Einführung klarer und benutzerfreundlicher Werkzeuge für Datenschutzanfragen gewährleistet nicht nur die Einhaltung gesetzlicher Vorgaben, sondern stärkt auch Vertrauen und Kundenloyalität.

Auch wenn der CCPA und andere Datenschutzgesetze der Bundesstaaten im Vergleich zur DSGVO fragmentiert wirken können, spiegeln sie einen wichtigen Trend hin zu mehr Verantwortlichkeit in der amerikanischen Datenwirtschaft wider. Da immer mehr Bundesstaaten eigene Gesetze verabschieden und der Druck auf einen einheitlichen Bundesstandard wächst, werden Unternehmen, die Datenschutz-Compliance bereits heute ernst nehmen, für die Zukunft besser vorbereitet sein.

Lassen Sie uns nun Mayas Geschichte über ihr Online-Abonnementgeschäft betrachten.

Im Herzen von Los Angeles betrieb Maya einen Online-Abonnementdienst für biologische Hautpflegeprodukte. Ihr Unternehmen war schnell gewachsen und hatte Tausende Kunden in den gesamten USA gewonnen, darunter eine treue Kundengruppe in Kalifornien. Maya konzentrierte sich hauptsächlich auf Produktqualität und

Kundenerlebnis und dachte kaum über Datenschutzgesetze nach — bis eines Tages eine E-Mail vom Büro des Generalstaatsanwalts von Kalifornien eintraf. Es handelte sich um einen Hinweis auf ihre Verpflichtungen gemäß dem California Consumer Privacy Act.

Zunächst war Maya verwirrt. Sie verkaufte doch keine personenbezogenen Daten — warum sollte das Gesetz also für sie gelten? Als sie sich intensiver mit dem CCPA beschäftigte, erkannte sie, dass der Begriff „Verkauf" im Gesetz viel weiter gefasst war, als sie angenommen hatte. Selbst die Weitergabe von Kundendaten an Werbenetzwerke für zielgerichtete Werbung konnte als Verkauf gelten. Da sie eine bekannte Werbeplattform nutzte, um Website-Besucher erneut anzusprechen, fiel ihr Unternehmen in den Anwendungsbereich des CCPA.

Maya lernte, dass Verbraucher in Kalifornien das Recht hatten zu erfahren, welche personenbezogenen Informationen sie sammelte und wie diese verwendet wurden. Kunden konnten außerdem die Löschung ihrer Daten verlangen oder dem Verkauf ihrer Informationen widersprechen. Sie musste einen Link mit der Bezeichnung „Do Not Sell My Personal Information" auf ihrer Website hinzufügen, ihre Datenschutzerklärung aktualisieren und Prozesse für die

Bearbeitung von Kundenanfragen entwickeln. Dabei wurde ihr bewusst, dass sie nur 45 Tage Zeit hatte, um auf solche Anfragen zu reagieren, weshalb sie ein kleines internes Team für diese Aufgaben zusammenstellte.

Der Prozess war nicht einfach. Ihr Marketingdirektor befürchtete, dass die Umsetzung von Opt-out-Anfragen die Wirksamkeit ihrer Werbekampagnen verringern würde. Maya entschied jedoch, dass das Vertrauen ihrer Kunden wichtiger war als kurzfristige Werbeergebnisse. Sie glaubte daran, dass Transparenz langfristig loyalere Kunden schaffen würde.

Zur gleichen Zeit stellte Maya fest, dass auch andere Bundesstaaten ähnliche Gesetze verabschiedeten. Virginia, Colorado und Utah hatten jeweils eigene Datenschutzregelungen eingeführt. Obwohl diese Gesetze dem CCPA in vielen Punkten ähnelten, gab es doch feine Unterschiede. Anstatt für jeden Bundesstaat separate Compliance-Prozesse zu verwalten, entschied sich Maya dafür, den hohen kalifornischen Standard auf ihr gesamtes Unternehmen anzuwenden. Das bedeutete zunächst mehr Arbeit, vereinfachte jedoch langfristig ihre Abläufe und gewährte allen Kunden dieselben Rechte – unabhängig davon, wo sie lebten.

Monate später zahlte sich Mayas Ansatz aus. Ein Kunde aus San Francisco lobte ihr Unternehmen öffentlich für seine Transparenz, nachdem er problemlos zielgerichtete Werbung deaktivieren konnte. Dieser Beitrag verbreitete sich viral in einer kleinen, aber einflussreichen Gemeinschaft umweltbewusster Käufer. Die Bestellungen stiegen stark an – nicht wegen einer auffälligen Werbekampagne, sondern wegen des Vertrauens, das Maya aufgebaut hatte. Ihre Marke wurde nicht nur für hochwertige Hautpflege bekannt, sondern auch für verantwortungsvolle Datenpraktiken.

Mayas Erfahrung zeigte ihr, dass Datenschutzgesetze keine Hindernisse für Wachstum darstellen, sondern Chancen bieten, sich von Wettbewerbern abzuheben. In einer Branche, in der viele Unternehmen nur langsam reagierten, positionierte sie sich als Vorreiterin für Verbraucherrespekt und Datenethik. Der CCPA begann für sie als Compliance-Herausforderung, entwickelte sich jedoch schließlich zu einem zentralen Bestandteil des Wettbewerbsvorteils ihres Unternehmens.

Monate später zahlte sich Mayas Ansatz aus. Ein Kunde aus San Francisco lobte ihr Unternehmen öffentlich für seine Transparenz, nachdem er problemlos zielgerichtete Werbung deaktivieren konnte. Dieser Beitrag verbreitete sich viral in einer kleinen, aber einflussreichen Gemeinschaft umweltbewusster Kunden. Die Bestellungen stiegen stark an – nicht wegen einer auffälligen Werbekampagne, sondern wegen des Vertrauens, das Maya aufgebaut hatte. Ihre Marke wurde nicht nur für hochwertige Hautpflege bekannt, sondern auch für verantwortungsvolle Datenpraktiken.

Mayas Erfahrung zeigte ihr, dass Datenschutzgesetze keine Hindernisse für Wachstum darstellen, sondern Chancen bieten, sich von Wettbewerbern abzuheben. In einer Branche, in der viele Unternehmen nur langsam reagierten, positionierte sie sich als Vorreiterin für Verbraucherrespekt und Datenethik. Der CCPA begann für sie als Compliance-Herausforderung, entwickelte sich jedoch schließlich zu einem zentralen Bestandteil des Wettbewerbsvorteils ihres Unternehmens.

Kapitel 4: Brasiliens LGPD und der Aufstieg lateinamerikanischer Datenschutzgesetze

Die Lei Geral de Proteção de Dados Pessoais (LGPD) ist Brasiliens umfassendes Datenschutzgesetz und orientiert sich stark an der europäischen DSGVO. Das Gesetz trat im September 2020 in Kraft und gilt für jede Person oder Organisation – innerhalb oder außerhalb Brasiliens – die personenbezogene Daten in Brasilien verarbeitet oder Waren und Dienstleistungen für Personen im Land anbietet. Die LGPD ist nicht nur deshalb bedeutend, weil Brasilien die größte Volkswirtschaft Lateinamerikas ist, sondern auch, weil sie den wachsenden Fokus der gesamten Region auf Datenschutz und Datensicherheit signalisiert.

Wie die DSGVO definiert auch die LGPD personenbezogene Daten sehr weitreichend und umfasst jede Information, die sich direkt oder indirekt auf eine identifizierte oder identifizierbare natürliche Person bezieht. Zusätzlich führt das Gesetz den Begriff sensibler personenbezogener Daten ein. Dazu gehören Informationen über ethnische Herkunft, religiöse Überzeugungen, politische Meinungen, Gewerkschaftsmitgliedschaften, Gesundheitsdaten, sexuelle

Orientierung sowie biometrische oder genetische Daten. Die Verarbeitung sensibler Daten erfordert zusätzliche Schutzmaßnahmen und in den meisten Fällen eine ausdrückliche Einwilligung der betroffenen Person.

Die LGPD basiert auf zehn rechtlichen Grundlagen für die Datenverarbeitung, die den Rechtsgrundlagen der DSGVO ähneln, jedoch an die brasilianische Rechtskultur angepasst wurden. Dazu gehören Einwilligung, gesetzliche Verpflichtung, Vertragserfüllung, berechtigtes Interesse und Kreditschutz. Die Einwilligung muss nach der LGPD freiwillig, informiert und eindeutig sein. Betroffene Personen müssen ihre Zustimmung leicht widerrufen können, und der Widerruf soll genauso einfach sein wie die ursprüngliche Erteilung der Einwilligung.

Eine der herausragenden Eigenschaften der LGPD ist ihre starke Betonung der Rechte betroffener Personen. Brasilianische Bürger und Einwohner haben das Recht, die Existenz einer Datenverarbeitung bestätigen zu lassen, auf ihre Daten zuzugreifen, fehlerhafte Informationen korrigieren zu lassen, Anonymisierung oder Löschung zu verlangen und die Übertragbarkeit ihrer Daten zu einem anderen Dienstleister oder Produktanbieter zu beantragen. Sie haben außerdem das Recht zu erfahren, mit welchen öffentlichen oder privaten

Stellen ihre Daten geteilt wurden. Unternehmen müssen darauf vorbereitet sein, auf solche Anfragen schnell und transparent zu reagieren.

Die LGPD verpflichtet Organisationen außerdem dazu, einen Datenschutzbeauftragten (Data Protection Officer – DPO) zu ernennen, der die Einhaltung der Vorschriften überwacht und als Hauptansprechpartner für die nationale Datenschutzbehörde — die Autoridade Nacional de Proteção de Dados (ANPD) — fungiert. Diese Rolle ist entscheidend, um sicherzustellen, dass Datenschutzmaßnahmen in die täglichen Abläufe und die Unternehmenskultur integriert werden.

Datensicherheit wird in der LGPD als Pflicht beschrieben, technische und administrative Maßnahmen einzuführen, die personenbezogene Daten vor unbefugtem Zugriff sowie vor versehentlicher oder rechtswidriger Zerstörung, Verlust, Veränderung, Weitergabe oder Verbreitung schützen. Obwohl das Gesetz keine bestimmten Technologien vorschreibt, betont es den Grundsatz der Verhältnismäßigkeit — die Sicherheitsmaßnahmen sollen der Sensibilität und dem Umfang der verarbeiteten Daten entsprechen.

Verstöße gegen die LGPD können erhebliche Strafen nach sich ziehen. Die ANPD kann Bußgelder von bis zu 2 % des Unternehmensumsatzes in Brasilien verhängen, begrenzt auf

50 Millionen brasilianische Real (etwa 10 Millionen US-Dollar) pro Verstoß. Weitere Sanktionen können die öffentliche Bekanntmachung des Verstoßes, die Sperrung personenbezogener Daten oder die Anordnung ihrer Löschung umfassen. Diese Strafen haben Datenschutz-Compliance zu einer hohen Priorität für Unternehmen in Brasilien und für Unternehmen gemacht, die mit brasilianischen Verbrauchern interagieren.

Über Brasilien hinaus haben mehrere lateinamerikanische Länder — darunter Argentinien, Chile, Kolumbien und Mexiko — eigene Datenschutzgesetze verabschiedet oder aktualisieren derzeit ihre bestehenden Regelungen, um sie stärker an globale Standards wie die DSGVO anzupassen. Für Unternehmen, die in dieser Region tätig sind, bedeutet dies, eine harmonisierte Datenschutzstrategie zu entwickeln, die sowohl die LGPD als auch lokale Gesetze berücksichtigt.

Zur Einhaltung der LGPD sollten Organisationen zunächst eine umfassende Datenerfassung durchführen, um zu verstehen, welche brasilianischen personenbezogenen Daten sie verarbeiten. Anschließend müssen die rechtlichen Grundlagen der Verarbeitung bestimmt, Datenschutzhinweise aktualisiert, Einwilligungsmechanismen implementiert und Prozesse für die Bearbeitung von Anfragen betroffener

Personen eingerichtet werden. Aufgrund der Ähnlichkeiten zwischen LGPD und DSGVO fällt die Anpassung Unternehmen leichter, die bereits DSGVO-konform arbeiten. Dennoch müssen sie die besonderen Anforderungen der brasilianischen Gesetzgebung zusätzlich berücksichtigen.

Durch die Umsetzung der Anforderungen der LGPD vermeiden Unternehmen nicht nur kostspielige Bußgelder, sondern positionieren sich auch als vertrauenswürdige Partner in einer Region, in der digitales Vertrauen noch im Aufbau ist. In Märkten wie Brasilien, in denen persönliche Beziehungen und Reputation für den Geschäftserfolg entscheidend sind, kann ein klares Bekenntnis zum Datenschutz einen erheblichen Wettbewerbsvorteil schaffen.

Diegos E-Commerce-Geschichte

Diego besaß ein mittelgroßes E-Commerce-Unternehmen in São Paulo, das handgefertigte Möbel innerhalb Brasiliens und an internationale Kunden verkaufte. Sein Online-Shop wuchs stetig, und Bestellungen kamen aus den USA, Europa und Asien. Jahrelang hatte er Kundendaten eher beiläufig verwaltet — Bestelldaten gespeichert, E-Mail-Adressen für Marketingzwecke gesammelt und Website-Besuche analysiert, um seinen Shop zu verbessern. Datenschutzrichtlinien waren für ihn nur Nebensache, etwas, das er von einer anderen Website kopiert und nie aktualisiert hatte.

Alles änderte sich, als die Lei Geral de Proteção de Dados Pessoais (LGPD) in Kraft trat. Diego hörte erstmals von dem Gesetz durch einen Freund, der bei einem Technologieunternehmen arbeitete. „Das ist Brasiliens Version der DSGVO", erklärte der Freund, „und sie ist ernst zu nehmen. Die Geldstrafen sind enorm." Zunächst dachte Diego, das Gesetz betreffe nur große Konzerne. Doch als er erfuhr, dass jedes Unternehmen, das personenbezogene Daten in Brasilien verarbeitet, unter das Gesetz fällt, wurde ihm klar, dass er es nicht ignorieren konnte.

Diego begann, sich intensiv mit der LGPD auseinanderzusetzen, und erkannte schnell die Schwächen seiner bisherigen Praktiken. Er stellte fest, dass sein Unternehmen nicht nur Namen und Adressen sammelte, sondern auch Telefonnummern, Zahlungsinformationen und detaillierte Kaufhistorien. All diese Informationen galten nach der LGPD als personenbezogene Daten. Noch besorgniserregender war, dass sein Analyse-Tool IP-Adressen und Surfverhalten erfasste, ohne dass er irgendeinen formellen Einwilligungsmechanismus eingerichtet hatte.

Eine Bestimmung fiel ihm besonders auf: die Pflicht zur Ernennung eines Datenschutzbeauftragten (DPO). Als Inhaber eines kleineren Unternehmens konnte er keinen Vollzeit-Spezialisten einstellen, also entschied er sich, diese Rolle selbst zu übernehmen. Er studierte das Gesetz, absolvierte Online-Schulungen und begann, neue Richtlinien für den Umgang mit Daten zu entwickeln. Außerdem aktualisierte er seine Website mit einer klar formulierten Datenschutzerklärung in einfacher Sprache und fügte ein Pop-up-Banner hinzu, das die Zustimmung zu Analyse-Cookies einholte.

Die Kunden bemerkten die Veränderungen schnell. Ein Kunde schrieb Diego sogar eine E-Mail, um sich dafür zu bedanken, dass erklärt wurde, wie seine Daten verwendet wurden und dass er die Möglichkeit erhielt, Marketing-E-Mails abzulehnen. Ein anderer verlangte eine vollständige Kopie aller Daten, die Diegos Unternehmen über ihn gespeichert hatte – eine Anfrage, die ihn früher ratlos gemacht hätte. Nun konnte er jedoch schnell reagieren und innerhalb weniger Tage eine sichere Download-Datei bereitstellen.

Anfangs beschwerten sich einige Mitarbeiter über die zusätzliche Arbeit. Mit der Zeit erkannten sie jedoch die Vorteile. Beschwerden über unerwünschte E-Mails gingen zurück, und das Vertrauen in die Marke stieg deutlich. Internationale Käufer, insbesondere aus Europa, äußerten mehr Vertrauen darin, bei seinem Shop einzukaufen, da dieser strenge Datenschutzregeln einhielt.

Sechs Monate später geriet ein Wettbewerber derselben Branche wegen eines LGPD-Verstoßes in die Schlagzeilen, nachdem Kundendaten in einer ungesicherten Datenbank offengelegt worden waren. Die Nachricht verbreitete sich schnell, und viele Kunden dieses Konkurrenten wechselten zu Diegos Shop. Die Compliance-Arbeit, die sich einst wie eine Belastung angefühlt hatte, war zu einem seiner stärksten Verkaufsargumente geworden.

Diego erkannte schließlich, dass es bei der LGPD nicht nur darum ging, Geldstrafen zu vermeiden – es ging darum, die Menschen zu respektieren, die ihm ihre persönlichen Informationen anvertrauten. Im hart umkämpften brasilianischen E-Commerce-Markt führte dieser Respekt zu Kundentreue, Empfehlungen und stetigem Wachstum.

Kapitel 5: Kanadas PIPEDA und nordamerikanische Regeln für grenzüberschreitende Datenübertragungen

Der Personal Information Protection and Electronic Documents Act (PIPEDA) ist Kanadas bundesweites Datenschutzgesetz für privatwirtschaftliche Organisationen. Das Gesetz wurde erstmals im Jahr 2000 verabschiedet und später erweitert. Es gilt für Organisationen, die kommerzielle Aktivitäten in den meisten Provinzen und Territorien Kanadas ausüben. Einige Provinzen – wie British Columbia, Alberta und Quebec – besitzen jedoch eigene Datenschutzgesetze, die als „im Wesentlichen gleichwertig" zu PIPEDA angesehen werden. Unternehmen in diesen Provinzen müssen ihre jeweiligen lokalen Gesetze einhalten, doch PIPEDA bleibt weiterhin anwendbar, sobald personenbezogene Daten Provinz- oder Landesgrenzen überschreiten.

PIPEDA definiert personenbezogene Informationen sehr weitreichend als jede Information über eine identifizierbare Person, ausgenommen geschäftliche Kontaktinformationen in bestimmten Situationen. Beispiele hierfür sind Namen, Privatadressen, Sozialversicherungsnummern, medizinische

Unterlagen, Finanzinformationen und Meinungen über eine Person. Im Gegensatz zur DSGVO oder Brasiliens LGPD konzentriert sich PIPEDA besonders stark auf das Prinzip der „bedeutungsvollen Einwilligung". Das bedeutet, dass Einzelpersonen verstehen müssen, welche Informationen gesammelt werden, warum sie gesammelt werden und wie sie verwendet werden, bevor sie zustimmen.

Das Gesetz basiert auf zehn Grundprinzipien fairer Informationsverarbeitung, die den Umgang von Organisationen mit personenbezogenen Daten leiten sollen:

Verantwortlichkeit
Bestimmung der Zwecke
Einwilligung
Beschränkung der Datenerhebung
Beschränkung der Nutzung, Offenlegung und Speicherung
Richtigkeit
Sicherheitsmaßnahmen
Offenheit
Individueller Zugang
Anfechtung der Compliance

Diese Prinzipien verpflichten Organisationen dazu, eine verantwortliche Person für die Einhaltung der Vorschriften zu benennen, die Zwecke der Datenerhebung klar offenzulegen und sowohl Umfang als auch Dauer der Datenspeicherung zu begrenzen. Unternehmen dürfen beispielsweise keine Daten „für den Fall der Fälle" sammeln, sondern müssen einen konkreten und klar definierten Zweck dafür haben.

PIPEDA erlaubt sowohl ausdrückliche als auch stillschweigende Einwilligungen. Für sensible personenbezogene Informationen und Situationen, in denen die betroffene Person vernünftigerweise nicht erwarten würde, dass ihre Daten verwendet werden, ist jedoch eine ausdrückliche Zustimmung erforderlich. Eine stillschweigende Einwilligung könnte beispielsweise vorliegen, wenn ein Kunde seine Adresse für eine Lieferung angibt und dadurch implizit der Nutzung dieser Adresse für Versandzwecke zustimmt. Unternehmen müssen dennoch jederzeit transparent handeln und dürfen Einwilligungsbedingungen nicht in langen, unverständlichen Datenschutzerklärungen verstecken.

Ein besonders wichtiger Aspekt von PIPEDA ist die Regelung grenzüberschreitender Datenübertragungen. Wenn eine Organisation personenbezogene Daten an einen Dienstleister in einem anderen Land übermittelt, muss sie durch vertragliche Vereinbarungen und sorgfältige Prüfungen sicherstellen, dass ein vergleichbares Schutzniveau gewährleistet wird. PIPEDA verbietet grenzüberschreitende

Übertragungen nicht, verlangt jedoch, dass Unternehmen betroffene Personen darüber informieren, dass ihre Daten möglicherweise in einer anderen Rechtsordnung verarbeitet werden, die anderen Gesetzen und Zugriffsrechten ausländischer Behörden unterliegt.

Die Datensicherheit wird unter PIPEDA durch angemessene Schutzmaßnahmen definiert, die sich nach der Sensibilität der Daten richten. Zu diesen Maßnahmen können Verschlüsselung, sichere Speicherung, Mitarbeiterschulungen und eingeschränkte Zugriffsrechte gehören. PIPEDA enthält außerdem Vorschriften zur Meldung von Datenschutzverletzungen: Organisationen müssen jede Verletzung von Sicherheitsmaßnahmen, die ein „reales Risiko erheblichen Schadens" darstellt, dem Office of the Privacy Commissioner of Canada (OPC) melden und betroffene Personen so schnell wie möglich informieren.

Die Nichteinhaltung von PIPEDA kann zu öffentlichen Untersuchungen, Reputationsschäden und in schwerwiegenden Fällen zu Gerichtsverfahren mit Schadensersatzforderungen führen. Obwohl die Strafen unter PIPEDA historisch gesehen weniger streng waren als die Sanktionen der DSGVO oder LGPD, zielen vorgeschlagene Reformen darauf ab, die Durchsetzungsbefugnisse und

Bußgelder deutlich zu erhöhen, wodurch Compliance noch wichtiger wird.

Für Unternehmen bedeutet Compliance, zu identifizieren, welche personenbezogenen Daten gesammelt werden, eine bedeutungsvolle Einwilligung einzuholen, Daten durch geeignete Sicherheitsmaßnahmen zu schützen, transparent über Richtlinien zu informieren und Mitarbeiter im Umgang mit personenbezogenen Informationen zu schulen. Unternehmen mit internationalen Aktivitäten müssen besonders sorgfältig darauf achten, sowohl kanadische als auch ausländische Datenschutzanforderungen einzuhalten.

Durch das Verständnis und die Anwendung der Prinzipien von PIPEDA können Organisationen die Privatsphäre schützen und gleichzeitig internationalen Handel ermöglichen. In einer zunehmend globalen digitalen Wirtschaft sind Transparenz und Vertrauen genauso wichtig wie die angebotenen Produkte und Dienstleistungen.

Die Geschichte von Amiras Digital-Marketing-Agentur

Amira führte eine kleine Digital-Marketing-Agentur in Toronto und betreute Kunden in Kanada, den USA und Europa. Ihr kleines Team kümmerte sich um alles — von Webdesign bis zu E-Mail-Kampagnen — und ihre Kunden stellten ihnen häufig Kundenlisten für Marketingzwecke zur Verfügung. Jahrelang nahm Amira an, dass Datenschutz-Compliance kein großes Thema sei, da sie hauptsächlich mit kanadischen Unternehmen arbeitete. Diese Annahme änderte sich, als einer ihrer Kunden sie bat sicherzustellen, dass alle Kampagnen den Anforderungen von PIPEDA entsprachen.

Neugierig begann Amira, das Gesetz zu recherchieren, und erkannte schnell, dass ihre Agentur bereits große Mengen personenbezogener Daten verarbeitete: Namen, E-Mail-Adressen, Kaufhistorien und sogar Verhaltensdaten aus Website-Analysen. Unter PIPEDA galten all diese Informationen als personenbezogene Daten und brachten rechtliche Verpflichtungen mit sich.

Der erste Schritt bestand darin, eine verantwortliche Person für die Compliance zu benennen. Als Inhaberin übernahm Amira diese Rolle selbst und arbeitete sich intensiv in die zehn Grundprinzipien fairer Informationsverarbeitung ein. Dabei entdeckte sie Schwachstellen in ihren Prozessen — beispielsweise speicherte ihre Agentur alte Kundenlisten unbegrenzt, selbst nachdem Kampagnen beendet waren. PIPEDA verlangte jedoch, dass Daten nur so lange gespeichert werden dürfen, wie sie für den ursprünglichen Zweck erforderlich sind. Deshalb führte sie eine strikte Richtlinie zur Datenlöschung ein.

Auch das Thema Einwilligung erforderte Aufmerksamkeit. Einige Anmeldeformulare ihrer Kunden enthielten nur vage Formulierungen darüber, wie Kundendaten verwendet würden. Amira überarbeitete diese Formulare und erklärte nun klar die Zwecke der Datenerhebung. Zusätzlich fügte sie separate Kontrollkästchen für Newsletter-Anmeldungen und zielgerichtete Werbung hinzu. Für sensible Informationen – etwa gesundheitsbezogene Umfrageantworten eines Wellness-Kunden — führte sie ausdrücklich erforderliche Einwilligungen ein.

Als sie die Regeln von PIPEDA für grenzüberschreitende Datenübertragungen kennenlernte, erkannte Amira, dass ihre Agentur einen E-Mail-Marketingdienst mit Sitz in den USA verwendete. Das bedeutete, dass sie ihre Kunden — und indirekt auch deren Kunden — darüber informieren musste, dass personenbezogene Daten möglicherweise außerhalb Kanadas gespeichert und US-amerikanischen Gesetzen unterworfen werden könnten. Daraufhin aktualisierte sie ihre Datenschutzerklärungen und überprüfte die Sicherheitsmaßnahmen des Dienstleisters.

Sicherheit wurde ebenfalls zu einer Priorität. Amira führte verschlüsselte Speicherung für sensible Dateien ein, setzte Zwei-Faktor-Authentifizierung für sämtliche Teamkonten durch und organisierte Schulungen zur Erkennung von Phishing-Angriffen. Anfangs empfand ihr Team die Änderungen als umständlich, doch bald erkannten alle die Vorteile der verbesserten Sicherheit – insbesondere nachdem sie von einer Datenschutzverletzung eines Konkurrenten erfahren hatten, die diesem einen wichtigen Kunden gekostet hatte.

Einige Monate später wurde einer von Amiras Kunden Opfer einer Datenschutzverletzung, bei der Kundendaten wie E-Mail-Adressen und Passwörter gestohlen wurden. Dank der neuen Prozesse reagierte ihr Team schnell: Sie meldeten die Verletzung dem Office of the Privacy Commissioner of Canada, informierten die betroffenen Personen und halfen dem Kunden dabei, stärkere Sicherheitsmaßnahmen einzuführen. Der Kunde lobte die Professionalität ihrer Agentur, und die Nachricht verbreitete sich weiter, wodurch neue Verträge von Unternehmen gewonnen wurden, die datenschutzbewusste Marketingdienstleistungen suchten.

Amira erkannte, dass PIPEDA-Compliance nicht nur dazu dient, Geldstrafen zu vermeiden – sie schafft Vertrauen und

Glaubwürdigkeit. In der wettbewerbsintensiven Welt des digitalen Marketings wurde die Fähigkeit, Kunden zu versichern, dass ihre Daten mit größter Sorgfalt behandelt werden, zu einem starken Verkaufsargument. Mit der Zeit half dies ihrer Agentur, sich in einem überfüllten Markt abzuheben, und bewies, dass Datenschutz sowohl eine Verantwortung als auch ein geschäftlicher Vorteil sein kann.

Kapitel 6: Regeln für Datenübertragungen und grenzüberschreitende Compliance

In der heutigen digitalen Wirtschaft bleiben Daten selten an einem einzigen Ort. Ob durch Cloud-Speicherung, Remote-Teams oder externe Dienstleister — personenbezogene Daten überschreiten häufig Landesgrenzen, manchmal sogar ohne Wissen der betroffenen Personen. Diese Bewegungen lösen ein komplexes Netz von Regeln für Datenübertragungen aus, die in Datenschutzgesetzen weltweit verankert sind. Das Verständnis und die Einhaltung dieser Vorschriften sind entscheidend, um rechtliche Risiken zu vermeiden und das Vertrauen der Nutzer zu bewahren.

Eine grenzüberschreitende Datenübertragung liegt vor, wenn personenbezogene Daten physisch oder digital von einer Rechtsordnung in eine andere übertragen werden. Beispielsweise überträgt ein Unternehmen in Kanada Daten über Landesgrenzen hinweg, wenn es einen Zahlungsdienstleister mit Sitz in den Vereinigten Staaten nutzt. Obwohl dies alltäglich erscheint, können die rechtlichen Auswirkungen erheblich sein, da Datenschutzstandards von Land zu Land unterschiedlich ausfallen. Einige

Rechtsordnungen betrachten bestimmte Länder als „angemessen“ in Bezug auf Datenschutz, während andere zusätzliche Schutzmaßnahmen verlangen.

Nach der Datenschutz-Grundverordnung (DSGVO) der Europäischen Union dürfen personenbezogene Daten nur dann außerhalb der EU beziehungsweise des Europäischen Wirtschaftsraums übertragen werden, wenn die Europäische Kommission festgestellt hat, dass das Zielland ein „angemessenes“ Datenschutzniveau bietet. Befindet sich ein Land nicht auf dieser Liste, müssen Organisationen Mechanismen wie Standardvertragsklauseln (SCCs), verbindliche interne Datenschutzvorschriften (Binding Corporate Rules – BCRs) oder die ausdrückliche Einwilligung der Nutzer verwenden. Das Schrems-II-Urteil aus dem Jahr 2020 erklärte das EU–US Privacy Shield für ungültig, wodurch diese Schutzmechanismen noch wichtiger wurden.

Auch Brasiliens LGPD beschränkt grenzüberschreitende Datenübertragungen und verlangt entweder ein angemessenes Datenschutzniveau im Zielland oder besondere Schutzmaßnahmen wie vertragliche Klauseln, die von der brasilianischen Datenschutzbehörde genehmigt wurden. Ähnlich erlaubt Kanadas PIPEDA internationale Datenübertragungen, fordert jedoch Transparenz. Das bedeutet, dass betroffene Personen informiert werden müssen, wenn ihre Daten in einem anderen Land verarbeitet werden und dort möglicherweise anderen gesetzlichen Regelungen unterliegen.

In den Vereinigten Staaten existiert kein einheitliches Bundesgesetz zur Regelung grenzüberschreitender Datenübertragungen. Stattdessen enthalten branchenspezifische Gesetze wie HIPAA für Gesundheitsdaten oder GLBA für Finanzdaten entsprechende Beschränkungen. Zusätzlich können Datenschutzgesetze einzelner Bundesstaaten – etwa der California Consumer Privacy Act (CCPA) – Offenlegungspflichten hinsichtlich internationaler Datenübertragungen verlangen.

Sicherheitsaspekte spielen bei der grenzüberschreitenden Compliance eine zentrale Rolle. Selbst wenn der rechtliche Rahmen eine Übertragung erlaubt, müssen Organisationen sicherstellen, dass die empfangende Stelle über angemessene technische und organisatorische Sicherheitsmaßnahmen verfügt. Dazu können Verschlüsselung während der Datenübertragung, eingeschränkte Zugriffsrechte und regelmäßige Sicherheitsprüfungen gehören.

Verträge und Vereinbarungen bilden häufig das Fundament der grenzüberschreitenden Compliance.

Standardvertragsklauseln sind vorab genehmigte rechtliche Instrumente, die den Datenimporteur verpflichten, bestimmte Datenschutzanforderungen einzuhalten. Binding Corporate Rules hingegen sind interne Richtlinien multinationaler Unternehmen, die von Datenschutzbehörden genehmigt werden müssen. In beiden Fällen besteht das Ziel darin, sicherzustellen, dass personenbezogene Daten im Ausland denselben Schutz genießen wie im Ursprungsland.

Transparenz gegenüber Nutzern ist eine weitere entscheidende Anforderung. Viele Datenschutzgesetze verlangen, dass Organisationen in ihren Datenschutzhinweisen klar erläutern, ob personenbezogene Daten im Ausland gespeichert oder verarbeitet werden, warum dies notwendig ist und welche Schutzmaßnahmen bestehen. Ohne diese Transparenz können selbst rechtlich zulässige Übertragungen das Vertrauen der Nutzer beeinträchtigen.

Um gesetzeskonform zu bleiben, sollten Unternehmen sämtliche Datenflüsse dokumentieren, identifizieren, wann und wo grenzüberschreitende Übertragungen stattfinden, und die rechtliche Grundlage jeder einzelnen Übertragung festhalten. Darüber hinaus sollten sie sorgfältige Prüfungen aller Dienstleister und Partner durchführen, um sicherzustellen, dass diese geltende Datenschutzstandards einhalten. Durch diese Maßnahmen reduzieren Organisationen nicht nur rechtliche Risiken, sondern positionieren sich auch als vertrauenswürdige Verwalter personenbezogener Informationen in einem globalen Markt.

Evelyns Geschichte

Evelyn leitete einen Gesundheits- und Wellness-Abonnementdienst mit Sitz in London. Ihr Unternehmen bot personalisierte Ernährungspläne an und versandte Nahrungsergänzungsmittel an Kunden in mehr als 20 Ländern. Als sie ihr Unternehmen gründete, konzentrierte sie sich vor allem auf Marketing, Produktqualität und Kundenzufriedenheit und dachte kaum darüber nach, wo die Daten ihrer Kunden gespeichert wurden.

Eines Tages bereitete sie eine Partnerschaft mit einem US-amerikanischen Fulfillment-Unternehmen vor, als ihr Rechtsberater fragte: „Wo genau werden derzeit alle Kundendaten gespeichert?“ Evelyn musste zugeben, dass sie es nicht genau wusste – ihr Zahlungsdienstleister, ihre E-Mail-Marketing-Plattform und ihr Cloud-Speicher wurden von verschiedenen Anbietern betrieben, von denen einige außerhalb des Vereinigten Königreichs und der Europäischen Union ansässig waren. In diesem Moment erfuhr sie erstmals von den strengen DSGVO-Regeln für grenzüberschreitende Datenübertragungen.

Ihr Berater erklärte ihr, dass personenbezogene Daten nach der DSGVO nur in Länder übertragen werden dürfen, die als datenschutzrechtlich „angemessen" gelten, oder wenn besondere Schutzmaßnahmen wie Standardvertragsklauseln eingesetzt werden. Die Vereinigten Staaten standen damals nicht auf der Angemessenheitsliste, weshalb jede Übertragung an amerikanische Partner SCCs oder ausdrückliche Kundeneinwilligungen erforderte. Das bedeutete, dass Evelyn Verträge mit mehreren Dienstleistern neu verhandeln und zusätzliche rechtliche Schutzmaßnahmen integrieren musste.

Je mehr sie recherchierte, desto komplexer wurde die Situation. Ihre Software zur Ernährungsanalyse wurde auf Servern in Australien gehostet, ihr Marketing-Automatisierungstool speicherte Kundendaten in den USA, und ihr Backup-Anbieter betrieb Server in Singapur. Jede dieser Verbindungen stellte eine grenzüberschreitende Datenübertragung mit eigenen Compliance-Anforderungen dar.

Evelyn entschied sich daraufhin, sämtliche Datenflüsse ihres Unternehmens zu dokumentieren — vom Moment der Kundenregistrierung bis hin zu jedem einzelnen System, das mit den Daten in Berührung kam. Das Ergebnis war überraschend: Sie zählte mehr als 15 separate grenzüberschreitende Datenübertragungen. Gemeinsam mit ihrem Rechtsberater implementierte sie dort, wo es notwendig war, Standardvertragsklauseln, überprüfte Sicherheitszertifizierungen ihrer Dienstleister und ergänzte ihre Datenschutzerklärung um einen klaren Abschnitt über internationale Datenübertragungen und die vorhandenen Schutzmaßnahmen.

Anfangs hatte Evelyn Angst, Kunden könnten abgeschreckt werden, wenn sie erfahren würden, dass ihre Daten in anderen Ländern verarbeitet werden. Doch das Gegenteil trat ein. Die Kunden schätzten die Transparenz und den Aufwand, den Evelyns Unternehmen zum Schutz ihrer Informationen betrieb. Ein langjähriger Abonnent schrieb sogar: „Es ist selten, dass ein Unternehmen so offen darüber spricht, wohin meine Daten gehen. Das gibt mir noch mehr Vertrauen."

Ein Jahr später musste ein Wettbewerber aus der EU wegen unrechtmäßiger grenzüberschreitender Datenübertragungen hohe Geldstrafen zahlen. Für Evelyn zahlte sich ihre Compliance-Arbeit aus. Datenschutzbehörden überprüften ihre Prozesse und fanden alles ordnungsgemäß vor. Sie wurde sogar eingeladen, auf einer Branchenkonferenz über globalen

Datenschutz zu sprechen. Was einst wie ein einschüchterndes rechtliches Hindernis erschien, entwickelte sich zu einem Marketingvorteil – ihr Unternehmen wurde nicht nur für Gesundheitsprodukte bekannt, sondern auch für den respektvollen Umgang mit der Privatsphäre von Kunden weltweit.

Kapitel 7: Die Rolle von Datenschutzbehörden und der Durchsetzung von Datenschutzgesetzen

Datenschutzbehörden (Data Protection Authorities – DPAs) sind die Regulierungsstellen, die für die Durchsetzung von Datenschutz- und Privatsphäregesetzen in ihren jeweiligen Rechtsordnungen verantwortlich sind. Sie fungieren sowohl als Aufsichtsorgane als auch als beratende Institutionen, indem sie sicherstellen, dass Organisationen die gesetzlichen Vorschriften einhalten, und gleichzeitig die Öffentlichkeit über ihre Rechte informieren. Das Verständnis der Rolle von Datenschutzbehörden ist für jedes Unternehmen und jede Person, die personenbezogene Daten verarbeitet, von entscheidender Bedeutung, da diese Behörden die Befugnis besitzen, Beschwerden zu untersuchen, Audits durchzuführen, Geldstrafen zu verhängen und in einigen Fällen sogar bestimmte Geschäftstätigkeiten zu stoppen.

Jede Rechtsordnung verfügt über ihre eigene Datenschutzbehörde oder eine vergleichbare Institution. Im Rahmen der Datenschutz-Grundverordnung (DSGVO) der Europäischen Union besitzt jeder Mitgliedstaat seine eigene Aufsichtsbehörde — beispielsweise die CNIL in Frankreich, das ICO im Vereinigten Königreich vor dem Brexit oder die BfDI in Deutschland. Diese Behörden verfügen über weitreichende Befugnisse zur Überwachung der Compliance, zur Untersuchung von Datenschutzverletzungen und zur Verhängung administrativer Sanktionen. In Brasilien übernimmt die Autoridade Nacional de Proteção de Dados (ANPD) eine ähnliche Rolle, während in Kanada das Office of the Privacy Commissioner (OPC) zuständig ist. In den Vereinigten Staaten existiert keine einzelne nationale Datenschutzbehörde, doch Institutionen wie die Federal Trade Commission (FTC) setzen Datenschutzvorschriften gemeinsam mit Generalstaatsanwälten der Bundesstaaten und branchenspezifischen Regulierungsbehörden durch.

Datenschutzbehörden arbeiten in der Regel auf Grundlage von Beschwerden und proaktiver Überwachung. Einzelpersonen können Beschwerden einreichen, wenn sie glauben, dass ihre Datenschutzrechte verletzt wurden, wodurch eine Untersuchung ausgelöst wird. Datenschutzbehörden können auch eigenständig Audits oder Inspektionen einleiten, insbesondere wenn sie systematische Verstöße vermuten oder nach größeren Datenschutzverletzungen. Solche Untersuchungen können die Überprüfung von Datenschutzrichtlinien, Befragungen von Mitarbeitern und die Analyse technischer Sicherheitsmaßnahmen umfassen.

Eine der wichtigsten Aufgaben von Datenschutzbehörden besteht darin, Gesetze zu interpretieren und zu präzisieren. Datenschutzgesetze sind häufig allgemein formuliert und lassen Raum für Auslegung. Daher veröffentlichen Datenschutzbehörden Leitlinien, Verhaltenskodizes und Empfehlungen, um Organisationen bei der Einhaltung ihrer Verpflichtungen zu unterstützen. Der Europäische Datenschutzausschuss (EDPB) veröffentlicht beispielsweise regelmäßig Stellungnahmen und Klarstellungen, die in allen EU-Mitgliedstaaten Anwendung finden.

Die Durchsetzungsbefugnisse von Datenschutzbehörden unterscheiden sich je nach Rechtsordnung, können jedoch Folgendes umfassen:

Verwarnungen oder Rügen aussprechen

Organisationen anweisen, ihre Praktiken zu ändern

Bestimmte Datenverarbeitungsaktivitäten vorübergehend oder dauerhaft verbieten

Finanzielle Sanktionen verhängen, die unter der DSGVO bis zu 20 Millionen Euro oder 4 % des weltweiten Jahresumsatzes erreichen können

Details über Verstöße veröffentlichen, um nicht konforme Organisationen öffentlich bloßzustellen

In vielen Fällen übernehmen Datenschutzbehörden zusätzlich eine wichtige Bildungsfunktion. Sie stellen Ressourcen für Unternehmen und Einzelpersonen bereit, führen Aufklärungskampagnen durch und bieten teilweise kostenlose Werkzeuge für die Compliance an. Diese doppelte Rolle – als Durchsetzer und Aufklärer – macht sie zu einem zentralen Bestandteil wirksamer Datenschutzregulierung.

Für Organisationen kann es von Vorteil sein, eine gute Beziehung zur zuständigen Datenschutzbehörde aufzubauen. Die proaktive Einholung von Orientierungshilfen, die schnelle Meldung von Datenschutzverletzungen und die nachweisbare Bereitschaft zur Einhaltung der Vorschriften können beeinflussen, wie eine Behörde auf Verstöße reagiert. Viele Behörden berücksichtigen, ob ein Verstoß vorsätzlich, fahrlässig oder lediglich auf ein Missverständnis zurückzuführen war und ob das Unternehmen Maßnahmen ergriffen hat, um den Fehler zu korrigieren.

Angesichts der globalen Natur moderner Datenströme arbeiten Datenschutzbehörden häufig in internationalen Kooperationsnetzwerken zusammen. Der sogenannte „One-Stop-Shop"-Mechanismus der DSGVO ermöglicht es Unternehmen, die in mehreren EU-Ländern tätig sind, hauptsächlich mit einer einzigen federführenden

Aufsichtsbehörde zusammenzuarbeiten. Darüber hinaus bringen globale Organisationen wie die Global Privacy Assembly (GPA) Datenschutzbehörden aus verschiedenen Regionen zusammen, um Durchsetzungsmaßnahmen zu koordinieren.

Für die Einhaltung der Vorschriften sollten Organisationen wissen, welche Datenschutzbehörde ihre Aktivitäten überwacht, die jeweiligen Meldepflichten verstehen und sämtliche veröffentlichten Leitlinien beobachten. Offene Kommunikationswege mit Regulierungsbehörden sowie das Verfolgen aktueller Durchsetzungstrends können Unternehmen helfen, kostspielige Fehler zu vermeiden. In einer Welt, in der sich Datenschutzgesetze ständig weiterentwickeln, sind Datenschutzbehörden nicht nur Vollstrecker des Gesetzes – sie sind Partner beim Aufbau einer Kultur des Datenschutzes.

Mateos unregulierte Geschichte

Mateo besaß ein mittelgroßes Softwareunternehmen in Madrid, das CRM-Systeme für kleine Unternehmen entwickelte. Seine Plattform speicherte Kontaktdaten von Kunden, Verkaufshistorien und sogar Notizen über Kundenpräferenzen. Jahrelang arbeitete Mateo ohne direkten Kontakt zu Regulierungsbehörden und ging davon aus, dass er sich in rechtlich sicherem Fahrwasser befand, solange seine Systeme geschützt waren. Diese Annahme änderte sich an dem Tag, als er einen Brief von der Agencia Española de Protección de Datos (AEPD) erhielt — Spaniens Datenschutzbehörde.

Der Brief war keine Geldstrafe, sondern eine Informationsanfrage. Ein ehemaliger Kunde hatte Beschwerde eingereicht und behauptet, Mateos Unternehmen habe sich geweigert, seine Daten nach der Schließung seines Kontos zu löschen. Die AEPD wollte die Richtlinien des Unternehmens zur Bearbeitung von Löschanfragen sehen sowie Nachweise darüber, dass diese Richtlinien korrekt umgesetzt worden waren.

Zunächst nervös, kontaktierte Mateo einen auf DSGVO-Compliance spezialisierten Anwalt. Gemeinsam erstellten sie eine detaillierte Antwort, die die Datenaufbewahrungsrichtlinien des Unternehmens, Löschprotokolle und den E-Mail-Verkehr mit dem Beschwerdeführer enthielt. Während dieses Prozesses erkannte Mateo, dass sein Team zwar gute Absichten hatte, jedoch keine formellen Verfahren für die Bearbeitung solcher Anfragen besaß — was es schwierig machte, die Compliance nachzuweisen.

Die AEPD kam letztlich zu dem Schluss, dass kein vorsätzliches Fehlverhalten vorlag, sprach jedoch eine Verwarnung aus und verpflichtete Mateos Unternehmen dazu, seine Prozesse zu verbessern. Obwohl dies nicht das Ergebnis war, das er sich erhofft hatte, entwickelte es sich zu einer wertvollen Lektion. Er führte ein neues System ein, das sämtliche Löschanfragen automatisch verfolgte und bestätigte — inklusive Zeitstempeln und Audit-Protokollen.

Mit der Zeit begann Mateo, die Datenschutzbehörde nicht nur als Vollstrecker, sondern auch als Ressource zu betrachten. Er abonnierte den Newsletter der AEPD, nahm an einem Webinar zur DSGVO-Compliance teil und kontaktierte die Behörde sogar mit Fragen zu grenzüberschreitenden Datenübertragungen. Zu seiner Überraschung erhielt er schnell praktische und hilfreiche Antworten.

Ein Jahr später, als ein großer Sicherheitsvorfall einen Konkurrenten in der CRM-Branche traf, war Mateos Unternehmen vorbereitet. Sein Team erkannte einen versuchten Angriff, blockierte ihn und meldete den Vorfall innerhalb der gesetzlich vorgeschriebenen 72 Stunden an die AEPD. Die Behörde lobte die schnelle Reaktion und hob die verbesserten Compliance-Systeme hervor. Diese öffentliche Anerkennung stärkte Mateos Ruf bei seinen Kunden, von denen viele kleine Unternehmen waren, die großen Wert auf Sicherheit und Transparenz legten.

Was als stressige Untersuchung begonnen hatte, entwickelte sich schließlich zu einer funktionierenden Zusammenarbeit. Mateo lernte, dass die Aufgabe einer Datenschutzbehörde nicht darin besteht, Unternehmen zu zerstören, sondern sicherzustellen, dass Organisationen die Datenschutzrechte von Menschen respektieren. Indem er die Regulierungsbehörde als Partner statt als Gegner betrachtete, positionierte Mateo sein Unternehmen als vertrauenswürdigen und gesetzeskonformen Akteur auf dem wettbewerbsintensiven europäischen Technologiemarkt.

Kapitel 8: Wie Unternehmen Compliance sicherstellen: Richtlinien, Schulungen und Audits

Die Einhaltung digitaler Datenschutzgesetze erfordert weit mehr als das bloße Verfassen einer Datenschutzerklärung und die Hoffnung, dass alles funktioniert. Compliance ist ein fortlaufender Prozess, der die Entwicklung klarer interner Richtlinien, die Schulung von Mitarbeitern und regelmäßige Audits zur Identifizierung und Behebung von Schwachstellen umfasst. Unternehmen, die Datenschutz als einmalige Checkliste betrachten, geraten häufig schnell wieder in Konflikt mit gesetzlichen Anforderungen – insbesondere weil sich Vorschriften ständig weiterentwickeln. Unternehmen hingegen, die Datenschutz als festen Bestandteil ihrer Unternehmenskultur behandeln, können Vertrauen aufbauen, rechtliche Risiken reduzieren und eine starke Marktposition erhalten.

Die Grundlage jeder Compliance-Strategie ist eine umfassende Datenschutzrichtlinie – nicht nur die öffentliche Datenschutzerklärung für Kunden, sondern auch interne Richtlinien, die regeln, wie Mitarbeiter mit Daten umgehen. Eine gute Datenschutzrichtlinie sollte Folgendes festlegen:

Welche personenbezogenen Daten die Organisation sammelt

Die rechtliche Grundlage für die Verarbeitung

Wie die Daten gespeichert und gesichert werden

Mit wem die Daten geteilt werden

Wie lange sie gespeichert bleiben

Den Prozess zur Bearbeitung von Auskunfts-, Berichtigungs- und Löschanfragen

Diese Richtlinie muss regelmäßig aktualisiert werden und Änderungen in Geschäftsprozessen, Technologien oder gesetzlichen Anforderungen widerspiegeln.

Ebenso wichtig sind Mitarbeiterschulungen. Selbst die fortschrittlichsten technischen Sicherheitsmaßnahmen können durch menschliche Fehler untergraben werden. Phishing-E-Mails, schwache Passwörter oder der unvorsichtige Umgang mit sensiblen Daten können zu Datenschutzverletzungen führen. Schulungen sollten die Grundlagen des Datenschutzes, die für das Unternehmen relevanten Datenschutzgesetze sowie die Verfahren abdecken, die Mitarbeiter beim Umgang mit personenbezogenen Informationen befolgen müssen. Oft sind auch rollenspezifische Schulungen erforderlich – beispielsweise müssen Kundendienstteams wissen, wie sie auf Datenanfragen reagieren, während IT-Teams Verschlüsselung und Zugriffskontrollen verstehen müssen.

Audits und Bewertungen bilden die nächste Ebene der Compliance. Ein Datenschutzaudit untersucht die Datenverarbeitungsaktivitäten einer Organisation, um sicherzustellen, dass sie den gesetzlichen Anforderungen und internen Richtlinien entsprechen. Dazu gehört häufig:

Die Erfassung sämtlicher Datenflüsse
Die Überprüfung von Einwilligungsmechanismen
Die Kontrolle von Lieferantenverträgen auf Datenschutzklauseln
Das Testen von Sicherheitsmaßnahmen
Die Sicherstellung, dass Anfragen betroffener Personen schnell bearbeitet werden

Audits können intern oder durch externe Berater durchgeführt werden und sollten regelmäßig stattfinden — mindestens einmal jährlich oder immer dann, wenn bedeutende Änderungen bei Geschäftsabläufen oder Gesetzen auftreten.

Dokumentation ist entscheidend, um Compliance nachweisen zu können. Viele Gesetze — wie die DSGVO — verlangen von Organisationen, dass sie belegen können, angemessene Maßnahmen zum Schutz personenbezogener Daten ergriffen zu haben. Aufzeichnungen über Datenverarbeitungsaktivitäten, Mitarbeiterschulungen, Übungen zur Reaktion auf Datenschutzverletzungen und Aktualisierungen von Richtlinien können den Unterschied zwischen einer schnellen Lösung und einer kostspieligen Untersuchung ausmachen.

Auch das Management von Drittanbietern ist ein wichtiger Bestandteil. Viele Organisationen teilen Daten mit externen Partnern – etwa Zahlungsdienstleistern, Marketingagenturen oder Cloud-Service-Anbietern – die als „Datenverarbeiter" agieren. Unternehmen müssen sicherstellen, dass diese Partner dieselben Datenschutzstandards erfüllen wie sie selbst. Dies erfordert Verträge mit klaren Datenschutzklauseln, sorgfältige Prüfungen und regelmäßige Überwachung der Compliance der Anbieter.

Schließlich ist Compliance kein statischer Zustand. Gesetze verändern sich, neue Vorschriften entstehen und Technologien entwickeln sich rasant weiter. Unternehmen sollten daher eine verantwortliche Person – häufig einen Datenschutzbeauftragten oder Compliance-Manager – benennen, die Entwicklungen überwacht, Richtlinien aktualisiert und fortlaufende Schulungen sicherstellt. Datenschutz als lebendigen Bestandteil der

Unternehmenskultur zu betrachten, stellt sicher, dass sich die Compliance parallel zu Wachstum und Innovation weiterentwickelt.

Durch den Aufbau eines Compliance-Programms, das Richtlinien, Schulungen und Audits in den täglichen Betrieb integriert, können Organisationen das, was zunächst wie eine regulatorische Belastung erscheint, in einen Wettbewerbsvorteil verwandeln. Kunden entscheiden sich zunehmend für Unternehmen, die nachweislich großen Wert auf Datenschutz legen.

Ninas verpflichtende Mitarbeiterschulung

Nina besaß eine mittelgroße Reisebuchungsagentur in Singapur. Ihr Unternehmen war schnell gewachsen und bot Flüge, Hotelreservierungen und Reiseversicherungen für Kunden auf der ganzen Welt an. Mit dem Wachstum kam auch die Komplexität – ihr Unternehmen verarbeitete enorme Mengen personenbezogener Daten, von Passnummern bis hin zu Kreditkarteninformationen. Nina wusste zwar, dass Datenschutzgesetze existierten, ging jedoch davon aus, dass die Verantwortung größtenteils bei den bekannten Drittanbieter-Buchungsplattformen lag, die sie nutzte.

Diese Annahme änderte sich nach dem Besuch einer Tourismuskonferenz, auf der ein Redner über hohe Geldstrafen berichtete, die gegen eine europäische Reiseagentur verhängt worden waren, weil Kundendaten nicht ausreichend geschützt wurden. Der Datenschutzvorfall war nicht durch Hacker verursacht worden, sondern durch einen Mitarbeiter, der versehentlich eine unverschlüsselte Tabelle mit Tausenden Kundendatensätzen an die falsche Person geschickt hatte. Nina erkannte, dass unabhängig von der Sicherheit ihrer Technologie die Gewohnheiten ihres Teams ein erhebliches Risiko darstellen konnten.

Entschlossen, ein ähnliches Szenario zu vermeiden, beschloss Nina, die Datenschutzpraktiken ihres Unternehmens vollständig zu überarbeiten. Sie begann mit der Erstellung einer detaillierten internen Datenschutzrichtlinie. Darin wurde genau festgelegt, welche Daten das Unternehmen sammelte, wie diese gespeichert wurden, wer darauf zugreifen durfte und welche Schritte zur sicheren Löschung erforderlich waren. Sie stellte sicher, dass jede Abteilung – vom Vertrieb bis zum Kundenservice – klare Anweisungen erhielt, die speziell auf ihre jeweiligen Aufgaben zugeschnitten waren.

Anschließend führte sie verpflichtende Mitarbeiterschulungen ein. Anstatt daraus eine langweilige Vorlesung zu machen, arbeitete sie mit einem Cybersecurity-Berater zusammen, um interaktive Schulungseinheiten zu entwickeln. Die Mitarbeiter lernten, Phishing-Versuche zu erkennen, starke Passwörter zu verwenden und sensible Dokumente sicher auszutauschen. Rollenspiele simulierten Datenanfragen von Kunden und Behörden, wodurch das Team Sicherheit im richtigen Umgang mit solchen Situationen gewann.

Um sicherzustellen, dass die Richtlinien tatsächlich funktionierten, plante Nina vierteljährliche Audits ein. Ihr Team dokumentierte sämtliche Datenflüsse – vom Moment der Reisebuchung bis zur Archivierung oder Löschung der Kundendaten. Sie überprüften außerdem Verträge mit Dienstleistern und stellten fest, dass ein kleiner Hotelpartner keine ausreichenden Sicherheitsmaßnahmen implementiert hatte. Nina verhandelte neue Vertragsbedingungen, die eine Verschlüsselung aller erhaltenen Kundendaten verpflichtend machten.

Der Prozess war nicht immer einfach. Einige Mitarbeiter widersetzten sich den Veränderungen und betrachteten sie als zusätzliche Arbeit. Mit der Zeit änderte sich jedoch die Unternehmenskultur. Mitarbeiter begannen, potenzielle Probleme zu erkennen und zu melden, bevor daraus echte Vorfälle wurden. Während eines Audits entdeckte ein

Teammitglied eine falsch konfigurierte Einstellung im Buchungssystem, die Kundendaten hätte offenlegen können – die sofortige Behebung verhinderte möglicherweise eine ernsthafte Datenschutzverletzung.

Sechs Monate später zahlte sich Ninas Engagement für Datenschutz-Compliance auf unerwartete Weise aus. Ein Firmenkunde, der gezielt nach einer Reiseagentur mit starken Datenschutzpraktiken suchte, verlangte Nachweise über entsprechende Maßnahmen. Nina konnte Schulungsunterlagen, Auditberichte und detaillierte Datenschutzrichtlinien vorlegen und gewann dadurch den Auftrag gegenüber Konkurrenten, die keine vergleichbaren Nachweise liefern konnten.

Nina erkannte schließlich, dass Datenschutz-Compliance nicht nur dazu dient, Strafen zu vermeiden – sie schafft Vertrauen und Professionalität. Durch die Integration von Richtlinien, Schulungen und Audits in ihren Geschäftsbetrieb verwandelte sie Datenschutz von einer lästigen Pflicht in ein Verkaufsargument und stellte sicher, dass ihr Unternehmen sowohl sicher als auch wettbewerbsfähig auf dem globalen Reisemarkt blieb.

Teammitglied eine falsch konfigurierte Einstellung im Buchungssystem, die Kundendaten hätte offenlegen können – die sofortige Behebung verhinderte möglicherweise eine ernsthafte Datenschutzverletzung.

Sechs Monate später zahlte sich Ninas Engagement für Datenschutz-Compliance auf unerwartete Weise aus. Ein Firmenkunde, der gezielt nach einer Reiseagentur mit starken Datenschutzpraktiken suchte, verlangte Nachweise über entsprechende Maßnahmen. Nina konnte Schulungsunterlagen, Auditberichte und detaillierte Datenschutzrichtlinien vorlegen und gewann dadurch den Auftrag gegenüber Konkurrenten, die keine vergleichbaren Nachweise liefern konnten.

Nina erkannte schließlich, dass Datenschutz-Compliance nicht nur dazu dient, Strafen zu vermeiden – sie schafft Vertrauen und Professionalität. Durch die Integration von Richtlinien, Schulungen und Audits in ihren Geschäftsbetrieb verwandelte sie Datenschutz von einer lästigen Pflicht in ein Verkaufsargument und stellte sicher, dass ihr Unternehmen sowohl sicher als auch wettbewerbsfähig auf dem globalen Reisemarkt blieb.

Kapitel 9: Neue Trends in der globalen Datenschutzregulierung

Digitale Privatsphäre ist längst kein Nischenthema im juristischen Bereich mehr – sie ist zu einer globalen politischen Priorität geworden. In den vergangenen zehn Jahren haben sich Datenschutzgesetze von fragmentierten, branchenspezifischen Regelungen zu umfassenden, rechtebasierten Rahmenwerken entwickelt, die nahezu jedes Unternehmen in der digitalen Wirtschaft betreffen. Dieser Trend zeigt keinerlei Anzeichen einer Verlangsamung. Das Verständnis neuer Entwicklungen in der globalen Datenschutzregulierung hilft Unternehmen dabei, sich auf Veränderungen vorzubereiten, bevor sie eintreten, anstatt erst im Nachhinein hektisch Compliance-Maßnahmen umzusetzen.

Einer der deutlichsten Trends ist die weltweite Annäherung an DSGVO-ähnliche Gesetze. Die Datenschutz-Grundverordnung der Europäischen Union hat sich zu einer Vorlage für Datenschutzgesetze auf der ganzen Welt entwickelt. Länder in Lateinamerika, Afrika, Asien und dem Nahen Osten verabschieden zunehmend Gesetze mit ähnlichen Prinzipien – etwa der Verpflichtung zu einer rechtlichen Grundlage für die Datenverarbeitung, der Gewährung umfassender Datenschutzrechte für Einzelpersonen und strengen

Anforderungen an die Rechenschaftspflicht von Organisationen. Dies bedeutet, dass selbst Unternehmen ohne direkte Tätigkeit in der EU künftig in anderen Märkten mit DSGVO-ähnlichen Verpflichtungen konfrontiert werden können.

Eine weitere wichtige Entwicklung ist der Aufstieg regionaler Datenschutzrahmenwerke. Das Übereinkommen der Afrikanischen Union über Cybersicherheit und den Schutz personenbezogener Daten, das ASEAN Framework on Personal Data Protection sowie das Datenschutzrahmenwerk der Asia-Pacific Economic Cooperation (APEC) sind Beispiele für Bemühungen, Datenschutzgesetze über mehrere Länder hinweg zu harmonisieren. Auch wenn diese Rahmenwerke nicht immer rechtlich bindend sind, fördern sie Konsistenz und erleichtern Unternehmen die grenzüberschreitende Tätigkeit mit einer einheitlichen Compliance-Strategie.

Zunehmend entstehen außerdem technologiespezifische Regulierungen. Regierungen erkennen, dass bestimmte Technologien einzigartige Datenschutzrisiken mit sich bringen, die maßgeschneiderte Vorschriften erfordern. Gesetze zur Regulierung biometrischer Daten, Gesichtserkennungssysteme und künstlicher Intelligenz werden weltweit immer häufiger. Der vorgeschlagene Artificial

Intelligence Act der Europäischen Union wird Transparenz- und Risikobewertungspflichten für KI-Systeme einführen, während mehrere US-Bundesstaaten bereits Gesetze zur Einschränkung der Nutzung von Gesichtserkennung im öffentlichen Raum verabschiedet haben oder derzeit prüfen.

Auch der Schutz der Privatsphäre von Kindern wird weltweit verstärkt. Inspiriert vom amerikanischen Children's Online Privacy Protection Act (COPPA) und durch die besonderen Schutzregeln der DSGVO für Minderjährige verstärkt, verschärfen viele Rechtsordnungen ihre Anforderungen an Einwilligungen und begrenzen die Datenerhebung bei Nutzern unter einem bestimmten Alter. Unternehmen, deren Produkte oder Dienstleistungen sich an Kinder richten, müssen darauf vorbereitet sein, Altersüberprüfungen durchzuführen und gegebenenfalls die Zustimmung der Eltern einzuholen.

Ein weiterer aufkommender Trend ist die Verschmelzung von Datenschutz- und Cybersicherheitsgesetzen. Während diese Bereiche früher meist getrennt behandelt wurden, betrachten viele Regierungen sie inzwischen als eng miteinander verbunden. Anforderungen zur Meldung von Datenschutzverletzungen werden weltweit zum Standard, und einige Gesetze schreiben spezifische Sicherheitsmaßnahmen als Teil der Datenschutz-Compliance vor. Diese zunehmende

Überschneidung bedeutet, dass Unternehmen ihre Datenschutz- und Cybersicherheitsstrategien eng miteinander koordinieren müssen.

Auch die Durchsetzung entwickelt sich weiter. Datenschutzbehörden arbeiten zunehmend grenzüberschreitend zusammen, teilen Informationen und führen gemeinsame Untersuchungen durch. Der Trend zu höheren Geldstrafen ist eindeutig — Bußgelder werden häufiger verhängt und fallen zunehmend höher aus, während Regulierungsbehörden wiederholte Verstöße immer weniger tolerieren. Darüber hinaus gewähren einige Gesetze Einzelpersonen inzwischen das Recht, Organisationen direkt wegen Datenschutzverletzungen zu verklagen, wodurch die rechtlichen und finanziellen Risiken weiter steigen.

Schließlich wächst die Bedeutung ethischer Datenpraktiken. Verbraucher werden sich zunehmend bewusst darüber, wie ihre Daten verwendet werden, und bevorzugen Unternehmen, die über die bloße Einhaltung gesetzlicher Mindestanforderungen hinausgehen und Transparenz, Fairness und minimale Datenerhebung praktizieren. Unternehmen, die einen „Privacy by Design"-Ansatz verfolgen — also Datenschutz in jede Phase der Produkt- und

Dienstleistungsentwicklung integrieren — haben größere Chancen, langfristiges Vertrauen und Loyalität aufzubauen.

Für Organisationen bedeutet dies, dass sie globale Datenschutzentwicklungen kontinuierlich beobachten, flexible Compliance-Frameworks entwickeln und ethische Datenpraktiken priorisieren müssen. Unternehmen, die Datenschutz nicht nur als gesetzliche Verpflichtung, sondern als Wettbewerbsvorteil betrachten, werden in der sich wandelnden digitalen Landschaft langfristig erfolgreicher sein.

Lassen Sie uns nun Ravis Geschichte betrachten.

Ravi leitete ein kleines, aber ehrgeiziges Unternehmen für mobile App-Entwicklung in Mumbai. Seine wichtigste Anwendung, eine Fitness-Tracking-Plattform, wuchs schnell und gewann Nutzer nicht nur in Indien, sondern auch in Europa, Nordamerika und Südostasien. Anfangs konzentrierte sich Ravi ausschließlich auf Funktionen und Benutzererlebnis, doch mit dem Wachstum seiner Nutzerbasis nahm auch die Komplexität der Datenschutzgesetze zu, mit denen er sich auseinandersetzen musste.

Eines Tages erhielt er ein Partnerschaftsangebot von einer großen Gesundheits- und Wellnessmarke aus Singapur. Der potenzielle Vertrag hätte sein Unternehmen grundlegend verändern können, doch das Rechtsteam des Unternehmens stellte eine lange Liste von Fragen zur Datenschutz-Compliance. Sie wollten wissen, wie seine App biometrische Daten verarbeitete, ob Prozesse zur Löschung von Nutzerdaten auf Anfrage existierten und ob die App die DSGVO für europäische Nutzer einhielt. Ravi erkannte, dass seine Anwendung zwar einige grundlegende Datenschutzeinstellungen besaß, jedoch nicht mit globalen Datenschutzvorschriften im Hinterkopf entwickelt worden war.

Er begann zu recherchieren und stellte fest, dass sich Datenschutzgesetze in mehreren Regionen gleichzeitig rasant entwickelten. In Südostasien beeinflusste das ASEAN Framework on Personal Data Protection die nationalen Gesetze. In der Europäischen Union stellte die DSGVO strenge Anforderungen an die Verarbeitung sensibler Gesundheitsdaten. In Kalifornien gewährte der CCPA Nutzern das Recht, der Weitergabe ihrer Daten zu widersprechen. Und in Indien arbeitete die Regierung an einem vorgeschlagenen Datenschutzgesetz, das sich eng an internationalen Standards orientieren sollte.

Daraufhin entschied Ravi, für seine App einen „Privacy by Design"-Ansatz einzuführen. Gemeinsam mit seinem

Entwicklungsteam reduzierte er die Datenerhebung auf das absolut Notwendige für die Kernfunktionen der App. Außerdem implementierten sie detaillierte Datenschutzeinstellungen, die es Nutzern ermöglichten, bestimmten Datenverarbeitungen gezielt zuzustimmen oder sie abzulehnen. Für biometrische Daten wie Herzfrequenz und Schrittzahlen führten sie Verschlüsselung ein und verlangten eine ausdrückliche Einwilligung, bevor solche Daten gesammelt wurden.

Zusätzlich begann Ravi, technologiespezifische Regulierungen genau zu beobachten. Da seine App KI-gestützte Analysen verwendete, um personalisierte Trainingsvorschläge zu erstellen, verfolgte er aufmerksam die Entwicklung des vorgeschlagenen Artificial Intelligence Act der Europäischen Union. Ihm wurde bewusst, dass die Einhaltung solcher zukünftigen Regeln zu einem starken Verkaufsargument werden könnte – insbesondere weil Nutzer immer vorsichtiger wurden, wie künstliche Intelligenz ihre Daten verarbeitet.

Die Veränderungen zahlten sich aus. Als das Rechtsteam der Wellnessmarke aus Singapur seine aktualisierten Richtlinien und Sicherheitsmaßnahmen überprüfte, waren sie beeindruckt. Das Unternehmen unterzeichnete nicht nur den

Partnerschaftsvertrag, sondern bewarb Ravis App sogar als Vorbild für verantwortungsvolle Datenschutzpraktiken.

Ein Jahr später zog Ravis proaktiver Umgang mit neuen Datenschutztrends noch mehr Möglichkeiten an. Eine Bildungseinrichtung in Australien führte seine App für ein Fitnessprogramm für Studenten ein und nannte die starken Datenschutzfunktionen als entscheidenden Faktor. Ravi erkannte, dass er durch das frühzeitige Reagieren auf neue Datenschutzvorschriften das, was zunächst wie eine rechtliche Herausforderung erschien, in einen echten Wettbewerbsvorteil verwandelt hatte.

Kapitel 10: Die Zukunft der digitalen Privatsphäre: Vorbereitung auf das, was als Nächstes kommt

Die Zukunft der digitalen Privatsphäre wird von rasanter technologischer Innovation, sich wandelnden Erwartungen der Verbraucher und zunehmend koordinierten globalen Regulierungen geprägt sein. Obwohl die aktuelle Datenschutzlandschaft bereits komplex ist, verspricht das kommende Jahrzehnt noch tiefgreifendere Veränderungen. Organisationen, die diese Entwicklungen frühzeitig erkennen und sich darauf vorbereiten, werden deutlich besser positioniert sein als Unternehmen, die erst reagieren, wenn neue Gesetze bereits durchgesetzt werden.

Einer der wichtigsten Treiber zukünftiger Datenschutzveränderungen sind neue Technologien. Künstliche Intelligenz, Blockchain, Quantencomputing und das Internet der Dinge (IoT) schaffen völlig neue Möglichkeiten zur Sammlung, Speicherung und Analyse personenbezogener Daten. KI kann hochsensible Erkenntnisse aus scheinbar harmlosen Datenpunkten ableiten, IoT-Geräte können kontinuierliche Datenströme aus alltäglichen Aktivitäten erfassen, und Blockchain-Technologien bieten zwar Transparenz, erschweren jedoch aufgrund ihrer Unveränderlichkeit die Umsetzung von Löschrechten. Quantencomputing könnte eines Tages aktuelle Verschlüsselungsstandards brechen und damit vollkommen neue Sicherheitsprotokolle erforderlich machen.

Datenschutzgesetze werden sich schnell an diese Technologien anpassen müssen. Es ist zu erwarten, dass spezifische Vorschriften für künstliche Intelligenz entstehen werden – mit Anforderungen an Transparenz und Verantwortlichkeit – ebenso wie strengere Einschränkungen für biometrische und genetische Daten sowie branchenspezifische Datenschutzgesetze für Bereiche wie Gesundheitswesen, Finanzen und Bildung. Der vorgeschlagene Artificial Intelligence Act der Europäischen Union könnte beispielsweise als Modell für die Regulierung von Hochrisiko-KI-Systemen dienen, indem er Risikobewertungen, menschliche Aufsicht und klare Erklärungen algorithmischer Entscheidungen verlangt.

Ein weiterer Trend, der die Zukunft prägen wird, ist die zunehmende Stärkung der Verbraucher. Je bewusster Menschen sich darüber werden, wie ihre Daten verwendet werden, desto stärker werden sie Kontrolle und Transparenz verlangen. Dies wird wahrscheinlich zu erweiterten Rechten betroffener Personen führen — etwa dem Recht zu erfahren, welche Algorithmen ihre Daten verarbeiten, Erklärungen für automatisierte Entscheidungen anzufordern oder Daten problemlos zwischen verschiedenen Dienstanbietern zu übertragen. Unternehmen, die Datenschutzkontrollen einfach und benutzerfreundlich gestalten, werden einen deutlichen Wettbewerbsvorteil besitzen.

Auch die globale Datenschutzregulierung bewegt sich zunehmend in Richtung Harmonisierung. Während die heutige Situation stark fragmentiert ist und unterschiedliche Länder unterschiedliche Regeln anwenden, wächst der Druck auf standardisierte Rahmenwerke, die grenzüberschreitende Compliance vereinfachen. Organisationen wie die OECD, die Global Privacy Assembly sowie verschiedene internationale Handelsabkommen fördern einheitlichere Regelungen, um internationalen Handel zu erleichtern und gleichzeitig die Rechte von Einzelpersonen zu schützen.

Darüber hinaus wird Datenschutz immer stärker mit Ethik und Nachhaltigkeit verbunden. Verbraucher und Investoren bewerten Unternehmen zunehmend danach, wie verantwortungsvoll sie mit Daten umgehen — zusätzlich zu Umwelt- und Sozialleistungen. „Privacy Ratings" könnten künftig genauso verbreitet sein wie ESG-Bewertungen

(Environmental, Social, and Governance) und sowohl Kaufentscheidungen als auch Investitionsströme beeinflussen.

Für Unternehmen bedeutet die Vorbereitung auf die Zukunft, Datenschutz bereits in jede Phase ihrer Abläufe zu integrieren, flexible Compliance-Frameworks aufzubauen und neue Gesetze sowie Technologien kontinuierlich zu beobachten. Es bedeutet auch, die eigene Datenstrategie grundlegend zu überdenken — nur die unbedingt notwendigen Daten zu sammeln, sie mit modernsten Sicherheitswerkzeugen zu schützen und offen darüber zu kommunizieren, wie diese Daten verwendet werden.

Organisationen, die in der nächsten Ära des Datenschutzes erfolgreich sein werden, beschränken sich nicht nur auf die Einhaltung gesetzlicher Vorschriften, sondern machen Datenschutz zu einem zentralen Bestandteil ihrer Markenidentität. In einer Welt, in der Vertrauen zu einer knappen Ressource geworden ist, kann der Ruf, personenbezogene Informationen zu schützen, zu einem der wertvollsten Vermögenswerte eines Unternehmens werden.

Die Geschichte darüber, wie Leila die Zukunft des Datenschutzes vorwegnahm

Leila leitete ein schnell wachsendes Fintech-Startup in Dubai, das eine digitale Wallet sowie eine App für persönliches Finanzmanagement anbot. Die App war mit Banken, Zahlungsdienstleistern und E-Commerce-Plattformen verbunden, wodurch sie für Kunden äußerst praktisch war – gleichzeitig jedoch auch eine enorme Menge persönlicher und finanzieller Daten sammelte.

Während ihr Unternehmen international expandierte, beobachtete Leila aufmerksam Datenschutzgesetze in verschiedenen Regionen. Doch sie stellte sich zusätzlich die Frage: Wie wird Datenschutz in fünf oder zehn Jahren aussehen? Sie entschied sich, über die aktuelle Compliance hinauszudenken und ihr Unternehmen auf zukünftige Entwicklungen vorzubereiten.

Ihr erster Schritt bestand darin, die Auswirkungen neuer Technologien auf ihr Geschäft zu analysieren. Die KI-gestützten Analysen ihrer App konnten Ausgabeverhalten vorhersagen und Sparstrategien empfehlen. Leila erkannte jedoch, dass solche Funktionen eines Tages möglicherweise detaillierte Transparenzberichte über künstliche Intelligenz erfordern würden. Deshalb begann sie bereits frühzeitig zu dokumentieren, wie die KI funktionierte und warum bestimmte Empfehlungen ausgesprochen wurden — in Erwartung zukünftiger regulatorischer Anforderungen.

Sie beschäftigte sich außerdem mit dem Internet der Dinge. Da Wearables und vernetzte Geräte immer beliebter wurden, könnte ihre App künftig mit Smartwatches, Sprachassistenten oder sogar vernetzten Fahrzeugen verbunden werden, um Echtzeit-Budgettipps zu liefern. Obwohl diese Entwicklung spannend war, würde sie auch bedeuten, noch detailliertere Daten zu verarbeiten — von Geolokalisierungsdaten bis zu Sprachbefehlen — die künftig strengeren Datenschutzregeln unterliegen könnten.

Leila arbeitete gemeinsam mit ihrem Entwicklungsteam daran, für jede neue Funktion einen „Privacy by Design"-Ansatz umzusetzen. Sie minimierten die Datenerhebung, integrierten starke Verschlüsselung in sämtliche Systeme und gestalteten Datenschutzeinstellungen so verständlich wie möglich für die Nutzer. Zusätzlich investierte sie in fortschrittliche Cybersicherheitsmaßnahmen, einschließlich Forschung im Bereich postquantenresistenter Verschlüsselung, da Quantencomputing eines Tages heutige Verschlüsselungstechnologien obsolet machen könnte.

Ihre Weitsicht zahlte sich schneller aus als erwartet. Zwei Jahre später trat ein neues regionales Gesetz in Kraft, das Finanz-Apps verpflichtete, algorithmische Transparenz zu gewährleisten und Nutzern die Möglichkeit zu geben, automatisierte Entscheidungen abzulehnen. Da Leilas Team diese Funktionen bereits integriert hatte, war ihr Unternehmen vom ersten Tag an vollständig compliant – während viele Konkurrenten hektisch ihre Systeme aktualisieren mussten.

Neben regulatorischen Anforderungen konzentrierte sich Leila darauf, Vertrauen als zentralen Markenwert aufzubauen. Sie startete eine „Privacy Promise"-Kampagne, in der den Nutzern genau erklärt wurde, wie ihre Daten verarbeitet werden und warum bestimmte Informationen gesammelt werden. Die Kunden reagierten äußerst positiv, und viele nannten die Offenheit des Unternehmens als Hauptgrund dafür, warum sie sich für ihre App statt für Konkurrenzprodukte entschieden hatten.

Indem Leila die Zukunft des Datenschutzes antizipierte, statt nur auf Veränderungen zu reagieren, positionierte sie ihr Unternehmen als Vorreiter verantwortungsvoller Datenpraktiken. In einer Branche, in der Vertrauen oft fehlte, verwandelte sie Datenschutz in einen starken Wettbewerbsvorteil – und stellte gleichzeitig sicher, dass ihr Unternehmen auf alles vorbereitet war, was die Zukunft der digitalen Privatsphäre noch bringen würde.

automatisierte Entscheidungen abzulehnen. Da Lelas Team diese Funktionen bereits integriert hatte, war ihr Unternehmen vom ersten Tag an vollständig compliant — während viele Konkurrenten hektisch ihre Systeme aktualisieren mussten.

Neben regulatorischen Anforderungen konzentrierte sich Lela darauf, Vertrauen als zentralen Markenwert aufzubauen. Sie startete eine „Privacy Promise“-Kampagne, in der den Nutzern genau erklärt wurde, wie ihre Daten verarbeitet werden und warum bestimmte Informationen gesammelt werden. Die Kunden reagierten äußerst positiv, und viele nannten die Offenheit des Unternehmens als Hauptgrund dafür, warum sie sich für ihre App statt für Konkurrenzprodukte entschieden hatten.

Indem Lela die Zukunft des Datenschutzes antizipierte, statt nur auf Veränderungen zu reagieren, positionierte sie ihr Unternehmen als Vorreiter verantwortungsvoller Datenpraktiken. In einer Branche, in der Vertrauen oft fehlte, verwandelte sie Datenschutz in einen starken Wettbewerbsvorteil — und stellte gleichzeitig sicher, dass ihr Unternehmen auf alles vorbereitet war, was die Zukunft der digitalen Privatsphäre noch bringen würde.

Kapitel 11: Aufbau einer datenschutzorientierten Unternehmenskultur

Eine datenschutzorientierte Unternehmenskultur geht weit über die bloße Einhaltung gesetzlicher Vorschriften hinaus – sie macht Datenschutz zu einem zentralen Unternehmenswert. Während Gesetze wie die DSGVO, der CCPA, die LGPD und PIPEDA lediglich Mindeststandards festlegen, verschaffen sich Unternehmen, die Datenschutz als Teil ihrer Identität betrachten, einen erheblichen Wettbewerbsvorteil. Eine datenschutzorientierte Kultur stellt sicher, dass jeder Mitarbeiter – von Führungskräften bis hin zu Berufseinsteigern – die Bedeutung des Schutzes personenbezogener Daten versteht und dieses Bewusstsein in seine tägliche Arbeit integriert.

Die Grundlage einer solchen Kultur beginnt mit dem Engagement der Unternehmensführung. Führungskräfte müssen mit gutem Beispiel vorangehen und Datenschutz bei Entscheidungen sowie bei der Ressourcenverteilung priorisieren. Dazu gehört die Finanzierung von Datenschutzinitiativen, die Unterstützung kontinuierlicher Schulungen sowie die Sicherstellung, dass

Datenschutzbeauftragte oder Compliance-Teams die notwendige Autorität besitzen, um Richtlinien durchzusetzen. Ohne die Unterstützung der Führungsebene bleiben Datenschutzprogramme oft oberflächlich und existieren lediglich auf dem Papier.

Die Stärkung der Mitarbeiter ist der nächste entscheidende Bestandteil. Alle Beschäftigten sollten den Wert personenbezogener Daten verstehen, potenzielle Datenschutzrisiken erkennen und sich für deren Schutz verantwortlich fühlen. Dies erfordert regelmäßige Schulungen, die auf die jeweilige Rolle zugeschnitten sind. Marketingteams sollten beispielsweise die Regeln zur Einwilligung verstehen, Kundendienstteams müssen wissen, wie sie auf Datenanfragen reagieren, und IT-Teams sollten den sicheren Umgang mit Daten beherrschen. Schulungen sollten praxisnah, interaktiv und regelmäßig aktualisiert werden, um neue Gesetze und Bedrohungen zu berücksichtigen.

Privacy by Design und Privacy by Default müssen Teil jedes Projekts und Produkts sein. Das bedeutet, Datenschutz bereits von Anfang an zu berücksichtigen — nicht erst im Nachhinein — und Systeme standardmäßig mit den datenschutzfreundlichsten Einstellungen zu konfigurieren. Eine neue App-Funktion sollte beispielsweise nur die minimal erforderliche Datenmenge erfassen und für zusätzliche Verarbeitungen eine ausdrückliche Zustimmung verlangen. Dieses Prinzip stellt sicher, dass Datenschutz direkt in die Architektur des Unternehmens integriert wird.

Eine datenschutzorientierte Kultur bedeutet außerdem, Transparenz zu fördern. Kunden sollten klar darüber informiert werden, welche Daten gesammelt werden, warum diese Daten erhoben werden und wie sie verwendet werden. Intern sollten Mitarbeiter die Datenflüsse des Unternehmens, die Sicherheitsmaßnahmen und die Verfahren zur Reaktion auf Datenschutzverletzungen verstehen. Transparenz schafft Vertrauen und reduziert das Risiko von Missverständnissen, die zu Beschwerden oder regulatorischen Untersuchungen führen könnten.

Mechanismen zur Rechenschaftspflicht sind ebenfalls unerlässlich. Regelmäßige Datenschutzaudits, klare Meldewege für vermutete Datenschutzverletzungen und dokumentierte Prozesse für den Umgang mit Daten sorgen dafür, dass Datenschutz nicht dem Zufall überlassen wird. Mitarbeiter zu belohnen und anzuerkennen, die Datenschutzrisiken identifizieren oder Verbesserungen vorschlagen, stärkt zusätzlich positives Verhalten.

Schließlich sollte eine datenschutzorientierte Unternehmenskultur kontinuierliche Verbesserung fördern. Gesetze werden sich verändern, neue Technologien entstehen und die Erwartungen der Kunden weiterentwickeln. Unternehmen müssen daher flexibel bleiben und Rückmeldungen von Mitarbeitern, Kunden und Regulierungsbehörden nutzen, um ihre Datenschutzpraktiken fortlaufend zu verbessern.

Indem Unternehmen Datenschutz in die DNA ihrer Organisation integrieren, erfüllen sie nicht nur aktuelle gesetzliche Anforderungen, sondern machen sich gleichzeitig widerstandsfähiger gegenüber zukünftigen Risiken. Noch wichtiger ist jedoch, dass sie Kunden und Geschäftspartnern signalisieren, dass man ihnen in einer zunehmend datengetriebenen Welt vertrauen kann.

Jasmines Geschichte

Jasmine war die Geschäftsführerin einer schnell wachsenden Online-Bildungsplattform mit Sitz in Melbourne. Ihr Unternehmen betreute Studenten in mehr als 30 Ländern und bot Videokurse, Quizze und Community-Foren an. Mit dem Wachstum der Plattform bemerkte sie, dass Fragen zum Datenschutz zunehmend in den Kundensupport-Anfragen auftauchten. Einige Studenten wollten wissen, wie ihre

Lerndaten gespeichert wurden, andere fragten, ob ihre Beiträge in den Foren für Außenstehende sichtbar seien.

Anfangs hielt Jasmine diese Fragen für vereinzelte Bedenken. Doch nachdem sie von einer schweren PR-Krise eines Wettbewerbers infolge einer Datenschutzverletzung gelesen hatte, erkannte sie, dass Vertrauen zu einem entscheidenden Unterscheidungsmerkmal in der E-Learning-Branche wurde. Sie beschloss, Datenschutz zu einem zentralen Unternehmenswert zu machen — nicht nur zu einer gesetzlichen Verpflichtung.

Sie begann bei ihrem Führungsteam. In der nächsten Strategiesitzung erklärte Jasmine, dass Datenschutz genauso wichtig sein würde wie Produktqualität und Kundenservice. Sie reservierte einen Teil des Budgets für die Einstellung eines eigenen Datenschutzbeauftragten und genehmigte Datenschutzschulungen für sämtliche Mitarbeiter. Dadurch setzte sie ein klares Signal: Datenschutz war keine Option — er gehörte zur Unternehmensmission.

Anschließend konzentrierte sie sich auf die Stärkung der Mitarbeiter. Statt lediglich ein allgemeines Richtliniendokument zu versenden, organisierte sie interaktive Workshops. Entwickler lernten, Software nach dem Prinzip „Privacy by Design“ zu programmieren, also Datenerhebungen zu minimieren und Benutzeruploads sicher zu speichern. Marketingmitarbeiter übten, Einwilligungsanfragen in klarer und benutzerfreundlicher Sprache zu formulieren. Kundendienstmitarbeiter führten Rollenspiele zur Bearbeitung von Löschanfragen gemäß DSGVO durch.

Jasmine implementierte außerdem „Privacy by Default" in die Produktentwicklung. Neue Funktionen wurden vor ihrer Einführung vom Datenschutzbeauftragten geprüft, um sicherzustellen, dass nur notwendige Daten erhoben wurden. Als beispielsweise ein automatischer Video-Transkriptionsdienst hinzugefügt werden sollte, entschied das Team, Roh-Audiodateien nicht länger als notwendig zu speichern, um Risiken zu minimieren.

Transparenz wurde zu einem zentralen Bestandteil ihrer Marke. Die Datenschutzerklärung wurde in verständlichem Englisch neu formuliert, und die Plattform erhielt ein Datenschutz-Dashboard, über das Studenten einsehen konnten, welche Daten gesammelt wurden, diese herunterladen oder mit einem einzigen Klick die Löschung beantragen konnten. Dies erfüllte nicht nur regulatorische Anforderungen, sondern stärkte auch das Vertrauen der Nutzer erheblich.

Mit der Zeit bemerkte Jasmine einen kulturellen Wandel im Unternehmen. Mitarbeiter begannen von selbst, Datenschutzaspekte in Besprechungen anzusprechen. Ein Entwickler schlug vor, bestimmte Analysedaten zu anonymisieren, um das Risiko einer Re-Identifizierung zu verringern. Ein anderer empfahl, einen Datenschutz-FAQ-Bereich in den Onboarding-Prozess neuer Studenten zu integrieren.

Ein Jahr später bewarb sich das Unternehmen um einen großen Regierungsauftrag zur Bereitstellung von Online-Schulungen. Die starke Datenschutzkultur des Unternehmens wurde zu einem entscheidenden Faktor bei der Vergabe des Auftrags. Die Prüfer stellten fest, dass das Unternehmen die gesetzlichen Anforderungen nicht nur erfüllte, sondern deutlich übertraf. Jasmines Engagement für eine datenschutzorientierte Unternehmenskultur hatte ihr Unternehmen transformiert, das Vertrauen der Kunden gestärkt und die Plattform als Vorreiter verantwortungsvoller Online-Bildung positioniert.

Datenschutz als lebenslange Verpflichtung

In der sich ständig wandelnden Welt der digitalen Kommunikation ist Privatsphäre längst kein Luxus mehr – sie ist zu einer grundlegenden Erwartung geworden. Von den frühen Tagen des Internets, in denen persönliche Informationen oft sorglos geteilt wurden, bis hin zur heutigen hypervernetzten Umgebung, in der jeder Klick, jedes Wischen und jede Suche aufgezeichnet werden kann, hat die Bedeutung des Schutzes personenbezogener Daten exponentiell zugenommen. Die Inhalte dieses Buches sollen keine einmalige Checkliste sein, um „Compliance zu bestehen", sondern die Grundlage für eine lebenslange Verpflichtung darstellen, die Privatsphäre der Menschen, denen Sie dienen, zu respektieren und zu schützen.

Der Weg zu starken Datenschutzpraktiken beginnt mit Bewusstsein. Das Verständnis des globalen Flickenteppichs aus Gesetzen – von der DSGVO in Europa über den CCPA in Kalifornien, die LGPD in Brasilien und PIPEDA in Kanada bis hin zu neuen Vorschriften in Afrika, Asien und dem Nahen Osten – ist der erste Schritt. Doch Compliance bedeutet nicht nur, Regeln zu kennen; es bedeutet, sie in die DNA einer Organisation zu integrieren. Dies erfordert einen grundlegenden Perspektivwechsel: Datenschutz darf nicht länger als juristische Hürde betrachtet werden, sondern muss als Wettbewerbsvorteil und moralische Verantwortung verstanden werden.

Technologien werden sich weiterhin in einer Geschwindigkeit entwickeln, die bestehende Rahmenwerke herausfordert. Künstliche Intelligenz wird immer präziser Vorhersagen treffen, Blockchain-Technologien werden unveränderliche Aufzeichnungen erweitern, und Quantencomputing wird die Grenzen heutiger Verschlüsselungsstandards testen. Datenschutzgesetze werden sich anpassen, doch Innovation bewegt sich häufig schneller als Regulierung. Organisationen, die diese Entwicklungen frühzeitig erkennen, sich rechtzeitig vorbereiten und flexibel bleiben, werden diejenigen sein, die langfristig erfolgreich sind.

Ein datenschutzorientierter Ansatz betrifft außerdem menschliche Beziehungen. Jede Person, die ihre Daten bereitstellt — ob Kunde, Mitarbeiter, Student, Patient oder Bürger — schenkt der Organisation, die diese Daten sammelt, Vertrauen. Dieses Vertrauen zu missbrauchen kann langfristige finanzielle und reputationsbezogene Folgen haben. Umgekehrt kann der Schutz dieses Vertrauens zu stärkerer

Loyalität, besseren Partnerschaften und nachhaltigem Wachstum führen.

Die Verantwortung für Datenschutz liegt nicht ausschließlich bei Regierungen oder Großunternehmen. Kleine Unternehmen, Start-ups und einzelne Fachkräfte spielen ebenso eine wichtige Rolle. Tatsächlich verfügen kleinere Organisationen oft über die Flexibilität, starke Datenschutzpraktiken schnell umzusetzen und diese als einzigartiges Verkaufsargument gegenüber langsameren Wettbewerbern zu nutzen.

Die wirksamsten Datenschutzstrategien basieren auf drei Säulen: Transparenz, Sicherheit und Verantwortlichkeit. Transparenz bedeutet, Menschen klar und ehrlich darüber zu informieren, was mit ihren Daten geschieht. Sicherheit bedeutet, Schutzmaßnahmen umzusetzen, die dem Sensibilitätsgrad der verarbeiteten Informationen angemessen sind. Verantwortlichkeit bedeutet, jederzeit nachweisen zu können, dass die eigenen Verpflichtungen eingehalten werden – nicht nur, weil das Gesetz es verlangt, sondern weil es das Richtige ist.

Wenn Sie dieses Buch schließen, denken Sie daran, dass Datenschutz kein statischer Erfolg ist, sondern ein lebendiger Prozess. Gesetze werden sich ändern. Technologien werden sich verändern. Ihre Organisation wird sich weiterentwickeln. Doch die hier beschriebenen Grundprinzipien – personenbezogene Daten zu respektieren, unnötige Datenerhebung zu vermeiden, Informationen vor Schaden zu schützen und die Rechte von Menschen zu achten – bleiben zeitlos. Indem Sie diese Prinzipien zu einem dauerhaften Bestandteil Ihrer persönlichen und beruflichen Werte machen, schützen Sie nicht nur Informationen, sondern bewahren auch die menschliche Würde, die im Zentrum des digitalen Zeitalters steht.

www.ingramcontent.com/pod-product-compliance
Lightning Source LLC
LaVergne TN
LVHW040521210926
848480LV00007BA/1540